박성목 동화집

생각하는 동화

모던포엠
MODERN POEMS

저자의 말

8년 전 우연히 인터넷 커뮤니티에 한 두 편의 글을 올리게 되었습니다. sns에서 처음 올린 글을 읽고 집중해서 창작해 보라고 채널을 만들어 준 동생이 있었습니다.

그는 100만 이상의 팔로우가 있으며 웹상에서 만나 서로 나이를 확인 후 호형호제하며 좋은 관계로 이어져 지금은 앱까지 만들어 공유하는 막역한 사이가 되었습니다.

이 후 계속 글 쓰기를 하던 중 우연히 인터넷에서 또 한 번의 인연을 만나 동화를 쓰게 되는 계기를 가지게 되었습니다. 드문드문 썼던 동화를 인터넷에 올려보고 나름 반응이 좋았던 글들을 모아 책으로 출간하게 되었습니다.

참으로 우연한 기회로 인터넷에서 수 많은 친구를 만나게 되었으며 글을 계속해서 쓸 수 있는 계기를 마련하게 되었는데, 이는 제게 글을 쓸 수 있는 재능을 주신 하나님과 그간 글을 쓸 수 있는 동기와 여건, 그리고 격려를 해 주신 여러분들의 덕분이라 생각합니다.

저에게 동기부여를 제공해 주신 분들과 응원해 주신 모든 분들을 위하는 마음으로 저의 글들이 더 많은 사람들에게 읽혀지는 것이 보답하는 길이라 여겼습니다.
생각하는 동화를 읽고 많은 분들이 힐링의 기회를 가졌으면 좋겠습니다.

2022년 8월 성하지절에

-스토리 메이커 박성목-

차례

저자의 말 • 2

세 번 피는 꽃 • 10
일 년간의 집행유예 • 13
세 개의 돌 • 16
화성과 산소 개구리 • 19
개구리 삼 형제 • 23
마구간 이야기 • 27
종자은행의 옥수수 • 31
타고 난 재능 • 35
행복의 조건 • 39
오리 가슴 • 42
수영강의 가마우지 • 46
독수리 아빠 • 49
움직이는 이유 • 52

II

또 다른 심장 • 58

우물과 두레박 • 60

한알의 씨앗 • 63

꽃과 잡초 • 67

은행나무 • 69

세상에서 가장 무거운 것 • 71

수도사의 신발 • 73

꼬리 길이 • 76

가장 훌륭한 지도자 • 82

받아들임 • 85

우체통 수리소 • 88

장점과 단점 • 91

신의 도자기 • 94

Ⅲ

가장 소중한 것 • 100

물과 같은 삶 • 103

부자 아카데미 • 106

마음의 냄새 • 111

잔인한 구두쇠 영감 • 114

좋아하는 것 즐기는 것 • 118

가장 큰 도둑 • 125

전쟁터 • 129

네 개의 연못 • 133

착한 반려견의 천국 • 140

I

세상에는 수많은 멋지고 좋은 날개를 가진 사람들을 봅니다.

하지만 실상 그들의 실생활을 들여다보면 너무도
실망할 때가 많음을 보아 왔습니다.

세상은 많은 따뜻한 가슴을 가진 사람들이 만들고 엮어가고 있습니다.

세 번 피는 꽃

멀리 남쪽 바다 외딴섬에 늙어가는 부인을 위해 작은 섬을 온통 꽃으로 장식한 노인이 있습니다.

그 섬에는 봄이면 벚꽃과 봄꽃들이 화사하게 피어나고, 여름이면 해바라기와 수국과 여름 꽃들이 활짝 피어났습니다.

물론 가을이면 울긋불긋 가을꽃들이 단풍과 함께 피어났습니다.

처음에는 이 섬에 사랑하는 부인을 위해 꽃을 심었지만, 세월이 지난 지금은 이 섬은 소문이 자자해져서 많은 사람이 찾아와 섬은 온통 그들의 차지가 되었습니다.

사람들은 자신들이 좋아하는 꽃이 필 무렵이면 어김없이 이 섬에 찾아와 꽃의 아름다움에 취하곤 했습니다.

각각의 계절마다 아름다움을 마음껏 뽐내던 꽃들도 모두 사람들이 자신만을 보러 오는 것이라고 서로들 자랑했습니다.

어느 날, 섬을 찾은 한 방문자가 섬의 노인에게 물었습니다.

예쁘게 피어나는 꽃들 중에서 어떤 꽃을 가장 좋아하는지를…
그러자 노인은 이렇게 말했습니다.

"꽃마다 제 각각의 아름다움이 있어 어떤 꽃이 가장 좋다고는 말하기가 어렵습니다."
"하지만 늘 제가 관심을 갖게 하는 꽃은 사실 있습니다.

"그것은 볼품없이 언덕에 조용히 피어나는 동백꽃입니다."

그러자 방문객은 호기심 어린 얼굴로 그 이유를 물었습니다.
그 노인은 이어서 말했습니다.

"사실 동백꽃은 화려한 꽃은 아닙니다."
"그저 평범하게 한동안 열심히 피어있다가 꽃송이 채로 툭 떨어지고 맙니다."
"그리곤 땅에서도 쉽게 시들지 않고, 한참 있다가 땅에 묻히고도 바로 꽃이 없어지질 않습니다."
"사실 이런 꽃은 거의 전무합니다."
"이 꽃이 저에게 전해주는 의미는 너무도 큽니다."
"저희들의 삶도 마찬가지죠.

"처음에는 저와 집사람을 위해 이 섬을 꽃으로 가꿨지만, 나중에는 세상 사람을 위한 섬이 되고 말았지요."

"하지만 저와 제 아내가 동백꽃이 떨어져 땅속에서 꽃이 피어 있듯이, 우리가 죽고 나서도 이 아름다운 꽃섬을 찾는 사람들은 저희 부부를 영원히 기억할 겁니다."

"그래서 동백꽃을 가장 좋아합니다."

일 년간의 집행유예

개구리들이 모여 사는 커다란 마을이 있었습니다.

아침이면 어른들은 출근하고 아이들은 학교 가기에 여념이 없었습니다.

남아있는 여자 개구리들은 가사 일에 바빴습니다.

하지만 유독 한 개구리만 삶의 의욕을 잃고 목적도 없이 하루하루가 무기력해져 모든 게 귀찮게만 느껴지고 살기조차도 싫어졌습니다.

그때 나이 많은 늙은 개구리가 찾아와 그 개구리에게 연못 끝, 자그만 한 동굴에 좋은 게 있으니 함께 가보자고 했습니다.

개구리는 싫었지만 억지로 끌려가다시피 그곳을 가게 되었습니다.

늙은 개구리는 입구에 서서 이곳은 혼자만 들어가야 한다고 했습니다.

개구리는 들어가기 싫었지만 늙은 개구리가 동굴 속으로 등을 세차게 떠밀었습니다.

그러자 갑자기 동굴의 입구가 쾅하고 닫히면서 모든 주위가 캄캄하게 되었습니다.

그때 아주 무섭게 생긴 저승사자가 나타나 개구리를 어디론가 데리고 갔습니다.

개구리는 너무도 무서워서 발걸음조차 뗄 수 없었습니다.

그러나 저승사자에게 끌려가고 있었습니다.

마침내 도착한 곳에는 삶을 게을리 한 개구리들의 최후를 보여 주었습니다.

한마디로 그곳은 아비규환이었습니다.

갑자기 개구리에게 엄청난 공포가 밀려왔습니다.

그리고 자신도 이미 죽었다는 것을 느꼈습니다.

개구리는 울면서 저승사자에게 애원했습니다.

살려달라고. 하지만 소용이 없었습니다.

자신을 데리고 온 늙은 개구리에게 말할 수 없는 분노가 치밀어 올랐습니다.

아무리 눈물을 흘리며 하소연해도 소용이 없었습니다.

곧 아비규환의 지옥으로 떨어질 운명이었습니다.

발악하다시피 한참을 매달렸습니다.

그때 저승사자가 이렇게 말했습니다.

"그렇게 살고 싶으냐?

"그렇다면 너에게 단 1년간 집행을 유예해 주겠다."

"집행유예 기간을 어떻게 살았느냐를 보고 1년씩 다시 연장해 주마."

그리고는 그를 동굴 밖으로 데려다주었습니다.
동굴 밖은 환한 햇살 때문에 전에 볼 수 없는 금빛으로 반짝거렸습니다.
그 모습을 개구리는 처음 보았습니다.
그때 죽이고 싶도록 증오한 늙은 개구리가 다가와 웃으며 이렇게 말했습니다.

"나도 너처럼 1년씩 삶을 집행유예를 받았어."
"그래서 나에게 주어진 하루하루가 너무 소중했고 그러기를 수십 년이 지나 이 나이가 되었지."
"우리가 일 년만 산다면, 한 달만 산다면, 아니 우리가 단지 하루만 산다면, 삶을 어떻게 살아야 하겠니?"

세 개의 돌

연못에는 오래전 국민들로부터 가장 추앙을 받는 원로 정치가 개구리가 있었습니다.

연못의 지도자를 뽑는 선거철이 되면 정치를 하고 싶어 하는 많은 정치지망생들이 그에게 찾아와 좋은 충고를 들으려 했습니다.

원로는 아무 말도 하지 않고 그의 집 연못 언저리로 그들을 데리고 갔습니다.

그리고 바위만큼 아주 큰 돌을 들어보라고 하였습니다.

그것도 세 개나 되는 커다란 돌들을…

정치 지망생들은 그 바위 같은 돌들을 놀랍게도 한결 같이 거뜬히 들어 보였습니다.

돌들을 모두 들어 올린 개구리들만을 정치현장으로 돌려보내며 당부를 했습니다.

그말은 정치를 하다 중간에 꼭 한 번 들려달라는 말이었습니다.

그로부터 많은 세월이 흘렀습니다.

어느 날 연못에서 가장 촉망받는 정치 지도자 개구리가 찾아왔습니다.

그러자 원로 개구리는 또다시 연못 언저리로 데려가 바위 같이 큰 돌을 다시 들어 보라고 했습니다.

그런데 처음 정치를 지망할 때는 잘 들렸던 돌들이 이젠 꿈적도 하지 않는 것이었습니다.

몇 번이고 시도를 해 보았지만 돌들은 조금도 움직이지 않는 것이었습니다.

그때 원로 개구리가 자신을 찾아온 정치가 개구리에게 돌의 뒷면을 보라고 했습니다.

각각의 바위 같은 돌에는 이렇게 쓰여 있었습니다.

정의. 사명. 양심.

원로 개구리는 이렇게 말했습니다.

"첫 번째, 네가 처음에 여기 와서 도저히 들 수 없는 바위 같은 돌을 들어 올릴 수 있었던 것은, 너의 마음에 국민을 위한 정의감으로 불타올랐기 때문이고"

"두 번째는 네가 모두를 위한 큰 사명감을 가지고 있었기 때문이다."

"특히 세 번째 돌인 양심의 돌은 돈과 비리에 젖지 않고, 사리사욕에 물들지 않아서 들어 올릴 수 있었던 거야!"

"정치란 자신의 혼자 힘으로 결코 할 수가 없다."
"지도자가 가지는 아주 큰 힘은 이 세 가지로부터 나오는 것이다."
"어느 하나라도 저버리면, 정치라는 아주 무서운 괴물에게 힘이 딸려 지고 말아."
"결국 자신을 죽이는 것이지."

화성과 산소 개구리

 유달리 과학자가 많이 배출된 어느 연못에 명절날 과학자 개구리들이 마을 정자에 모여 정답게 이야기를 나누었습니다.
 마침 달이 환하게 그들을 비추었고 개구리들의 눈은 달빛에 유난히 반짝이고 있었습니다.
 그들의 이야기의 주제는 환하게 둥그런 달보다 주로 화성에 관한 것이었습니다.
 지구를 떠나 우주에 기지를 세우는 첫 번째 장소가 화성이 될 거라고 미래학자들이 말했기 때문입니다.

 물리학자인 개구리가 앞으로 화성을 오가는데 이동 수단은 무중력 엘리베이터를 많이 이용할 거라고 했습니다.
 미래에는 화성을 오가기가 지금보다는 쉬워질 거라고 했습니다.
 그러자 공학박사인 개구리는 화성에 지구를 떠나 살 수 있는 구조물에 대해 한참을 연구한다고 했습니다.
 뒤를 이어 철학자인 개구리가 말했습니다.

"화성에서는 공기 중에서 무엇이 제일 많을까?"

그 말을 들은 화학분야에서 저명한 개구리가 말했습니다.

"그건 말이야! 화성에는 이산화탄소가 제일 많아."
"사실 화성은 이산화탄소 때문에 모든 것이 전멸이 되었다고 해도 과언이 아니지!"

이번에는 물리학자인 개구리가 말했습니다.

"신기하게도 지구는 산소와 질소, 그리고 이산화탄소의 양이 우리가 살아가기에 너무도 딱 알맞게 분포가 되어 있다는 거야."

그 말을 들은 철학자 개구리가 커다란 눈을 굴리면서 또 한 번 물었습니다.

"이산화탄소가 대부분인 화성에서는 소리가 어떻게 들릴까?"

그때 물리학자인 개구리가 대답을 했습니다.

"산소가 많을 때와 이산화탄소가 많을 때는 소리의 전달이 전혀 달라"

"소리를 전달하는 것이 공기인데 제일 잘 전달되는 것은 산소와 같은 거야"

"사실 화성에서는 아무리 고함을 질러도 소리가 안 들리지"

"그건 이산화탄소가 소리를 흡수하기 때문이야"

"우리가 보통 사용하는 오디오를 화성에서 최대한으로 틀어도 10미터도 소리가 전달이 안 돼"

화학자인 개구리가 말했습니다.

"우리가 지금 듣고 있는 새소리, 물소리, 바람소리, 아기가 옹알거리는 소리, 사람들이 얘기할 때 내는 소리 등, 지구에 나는 모든 소리는 사실상 우리를 위한 축복으로 허락된 소리야"

"다른 행성에서는 우리처럼 소리를 들을 수도 없고, 설사 듣는다 해도 기후가 달라 왜곡되어 이상한 소리로 들릴 거야"

"정말 아름다운 소리를 듣는다는 것은 오로지 지구에만 있는 일이지"

이 말을 곰곰이 듣고 있던 철학자 개구리가 말했습니다.

"지금 우리가 사는 사회는 점점 화성이 되어가고 있는 것 같아"

"그건 말이야 꼭 공장에서 이산화탄소를 내뿜어서가 아니야"

"사람들이 각자 내뱉는 언어가 마치 이산화탄소와 같아서 사람들이 들으려 하지 않아"

"다른 그들의 소리가 마치 이산화탄소에 흡수되어 들리지 않는 것 같은 느낌이야"

"그래서 점점 더 혼자가 되는 세상인 것 같아"

"언젠가는 우리도 화성처럼 죽음의 도시로 변하고 말 거야"

이때 이 말을 유심히 듣고 있던 심리학자 개구리가 말했습니다.

"이 시대에는 물리적인 산소도 중요하지만, 우리 개구리들에게 신선한 심리적 산소를 공급해 주는 역할이 정말 중요한 것 같아"

"아름다운 소리가 지구 곳곳에 전달되어 서로 소통하며 사는 세상을 만들기 위해 우리 모두 산소 같은 개구리가 되어야 할 거야"

개구리 삼 형제

어느 연못에 금빛이 나는 개구리들이 살고 있었습니다.

연못은 낮이면 햇빛에 반짝거렸고 밤이면 달빛이 은은하게 물드는 그런 연못이었습니다.

금빛 개구리들은 부락을 이루고 있었으며, 나이 많은 추장 개구리가 연못을 아주 지혜롭게 다스리고 있었습니다.

추장 개구리에게는 세 아들이 있었습니다.

제일 맏형인 개구리는 항상 용감했고, 둘째 개구리는 아주 지략이 뛰어났습니다.

그리고 막내 개구리는 모험심이 강하고 호기심 또한 강했습니다.

삼 형제 개구리들이 비장한 각오로 먼길을 떠났습니다.

모두들 죽을 고비를 넘기면서 힘든 언덕을 올라갔습니다.

이들이 모두 언덕을 지나 다시 돌아오는 데는 수 주일이나 걸렸습니다.

그간 독수리나 뱀에게 들켰으면 죽은 목숨이나 다름이 없었을 겁니다.

개구리들은 평상시에는 누가 더 금빛이 반짝 거리는가를 놓고 한껏 자랑했을 자신들이 도리어 햇빛이나 달빛에 반짝거리지 않게 몸을 숨기기에 바빴습니다.

천신만고 끝에 개구리 형제들은 연못에 무사히 도착했습니다.

그러자 추장 아버지는 첫 번째 아들에게 무엇을 가져왔냐고 물었습니다.

첫째 아들 개구리는 이곳 연못에는 살지 않은 아주 훌륭한 먹잇감인 물고 있던 벌레를 내놓았습니다.

아버지 추장은 매우 흡족해하며 칭찬했습니다.

두 번째 아들 개구리는 이곳 연못에서 볼 수 없는 개구리밥인 식물의 자그마한 쌀알 닮은 것을 내놓았습니다.

이번에도 추장 개구리는 입가에 미소를 띠며 칭찬을 했습니다.

이윽고 막내아들에게도 무엇을 가져왔는지를 물었습니다.

그러자 막내아들은 아무것도 가져오지 못했다고 했습니다.

순간 추장 개구리는 표정이 일그러지며 막내를 향해 크게 야단을 치려고 했습니다.

그때 막내아들인 개구리는 이렇게 말했습니다.

"아버지! 저는 비록 아무것도 가져오지 못했지만 저 언덕 너머에 여기보다 숲이 우거지고 수초도 많고, 물벌레도 많은, 우리가 살기에 좋은 넓고 깊은 연못을 발견했습니다."
"추장 아버지! 비록 가기에 멀고 힘들지만. 여기보다 좋은 그곳으로 모두 옮겨 가십시다."

추장 개구리는 막내의 말에 아무 말도 하지 못하고 한참을 생각하더니 이윽고 말문을 열었습니다.

"아들아 내가 다스리는 이곳 개구리의 반을 나누어 줄 테니 너는 그곳으로 가서 훌륭한 너의 세상을 만들려무나."

그곳에 모여있던 개구리 모두는 놀란 눈으로 서로를 쳐다보며 웅성거렸습니다.
그리고 한참을 지나 추장 개구리는 모든 개구리를 모아놓고 막내를 따라갈 개구리들의 자발적 자원을 받았습니다.
그리고 이렇게 말을 했습니다.

"우리 개구리들이 꿈을 이루려면 반드시 믿음이 있어야 한다."

"그 믿음은 먼저 자신이 원하는 쪽으로 바라보아야 하고 그 바라본 것을 선택하는 거야."

"그러고 나서 그 선택을 계속해서 반복해야 한다."

"그 반복은 나중에 엄청난 원심력을 발휘해서 처음 이루려고 했던 것보다 더 원대한 것을 이루게 한단다."

"막내야 너는 네가 본 연못에 가거들랑 내가 한 말을 명심해서 너희 후손 대대로 나에게서 전해 들은 이 말들을 꼭 전하거라."

"꿈이 없는 개구리는 죽은 개구리나 마찬가지야. 그래서 항상 꿈을 가지고 그 꿈에 대한 믿음을 가져야 해."

그때 하늘 중천에 떠 있는 햇볕이 있는 개구리들의 모습을 더욱 더 금빛 찬란하게 반짝거리게 했습니다.

마구간 이야기

유대 땅 어느 마을에 나귀들이 모여 있는 마구간이 있었습니다.

그 마구간은 몇 마리의 나귀들이 있었습니다.

약간 까맣게 생긴 나귀는 가장 힘이 센 녀석으로 항상 주인이 먹이풀을 줄 때면, 먹이풀을 먼저 먹기 위해 먹이통을 독차지했습니다.

그리고 흰 무늬가 있는 나귀는 늘 불평이 많았습니다.

한 번은 싣고 가던 짐을 팽개치고 달아나다가 주인에게 회초리로 혼이 나기도 했습니다.

그 마구간에는 나이가 많은 나귀도 두 마리가 있었습니다.

한 나귀는 항상 뒤에서 말없이 조용히 있었습니다.

그 나귀의 색깔은 약한 붉은빛을 띠고 있었습니다.

먹이를 먹을 때면 제일 늦게 먹이통으로 다가갔고, 꼭 늙은 나귀가 먹이를 먹고 나서야 비로소 자신이 먹었습니다.

그리고 물을 먹을 때면 자신의 얼굴을 한참 들여다보는 습관이 있었습니다.

다른 나귀들을 이 나귀를 따돌렸고 제대로 그 나귀를 상대해 주지 않았습니다.

항상 자신이 잘난 체한다고 여겼습니다.

하지만 붉은 나귀는 개의치 않고 다른 나귀들에게 늘 친절하게 대했습니다.

어느 날 하루는 주인이 이 따돌림을 당하는 나귀를 끌고 나갔습니다.

모두들 이 나귀가 자신들과 너무 달라 필시 팔아넘길 거라고 갖가지 추측을 했습니다.

주인은 끌고 온 나귀를 마을 어귀에 메어 놓았습니다.

그때 누군가가 급히 나귀 주인을 찾았습니다.

그리고 이 나귀를 끌고 갔습니다.

한참 후 저녁이 되어서 나귀는 마구간으로 되돌아왔습니다.

그리고 마을에 아주 귀한 분이 행차하셨다는 소문이 돌았습니다.

그 소식은 마구간에도 들렸습니다.

심술궂은 나귀들이 순하고 어린 나귀에게 물었습니다.

"도대체 너의 등에 태운 사람이 누구니?"

어린 나귀는 말하기를 주저했습니다.
그러자 가장 늙은 나귀가 말했습니다.

"저 어린 나귀가 태운 분은 바로 우리를 구원하시러 오신 예수님이란다."
"사람들이 저 나귀가 지나는 길에 옷과 종려나무를 깔고 호산나를 외쳤지"
"저 나귀가 그 귀한 일에 쓰인 이유는 너무도 겸손하기 때문이야"
"매일 물을 쳐다보는 것은 자신이 날마다 나귀라는 것을 잊지 않기 때문이야"
"만약 너희들을 택했다면 필시 사람들이 환호하며 함성을 지르면 너희가 잘나서 그런 줄 알고 우쭐거렸을 거야"

이어서 두 번째로 나이가 많은 나귀가 말했습니다.

"너희를 택하지 않은 것은 분명 그 순간적 거만해져서 안 간다고 버틸지도 모르고, 어쩌면 태운 분을 자신이 잘나서 환호하는 줄 알고 내팽개칠지도 모르는 일이지"

"하늘은 어떤 나귀를 귀하고 중요하게 쓰는지 아니?"

"그릇은 깔끔하게 비워져야 귀하게 쓰이고, 물은 정말 깨끗하고 맑지 않으면 사람에게 목마를 때 귀하게 찾는 물이 되지 못 돼"

"저 나귀는 항상 자기를 비워 누구든 자신의 등에 태울 준비가 되어있었지"

"그것이 겸손이야, 겸손은 가장 중요한 미덕이자 우리가 갖추어야 할 제일 중요한 자세이지"

종자은행의 옥수수

종자은행에 어느 날 아주 평범한 옥수수 알이 보관되어 들어왔습니다.

그곳에는 많은 식물의 종자들이 보관되어 있는 뿐만 아니라 세계 각국의 희귀한 종자들이 모두 보관되어 있습니다.

어느 날 식물종자들은 각자가 얼마나 특이한 유전자를 가지고 있는지를 자랑했습니다.

어떤 밀알이 말했습니다.

"나는 멀리 이집트 피라미드에서 발견된 밀알이야

무려 3,000년이나 지나도 다시 싹이 나서 여기에 오게 됐어"

모두들 노란 황금빛깔의 밀알을 놀란 눈으로 쳐다보았습니다.

그때 한 쌀알이 말했습니다.

"나는 히말라야 산 중턱에서 살다가 여기에 왔는데, 나의 특이한 색깔과 성분 때문에 여기에 오게 됐지"

그러자 또 다른 식물의 종자도 자신을 자랑했습니다.

"나는 동남아에서 자랐어. 아주 오래전 나를 이용해 사람들이 동물을 사냥할 때 동물을 기절시키기 위해 쓰였는데, 이제는 사람이 수술할 때 쓰이는 마취제의 원료로 쓰이게 됐어"
"그런 이유류 여기 오게 된 거야"

이렇듯 종자은행은 특이하거나 특별히 사람들을 아주 이롭게 하거나 또는 치료에 쓰이는 식물이 아주 귀하게 대접을 받는 곳이었습니다.
한 희귀 식물의 종자가 얼마 전에 들어온 옥수수에게 물었습니다.

"너는 무슨 특별한 무슨 특정한 가치를 가지고 있니?"

그러자 옥수수는 이렇게 말했습니다.

"나는 한국의 강원도에서 자란 그저 평범한 옥수수일 뿐이야."

"그래? 그런데 어떻게 해서 여기에 오게 됐지"? 하고 의아한 눈빛으로 다른 종자들이 물었습니다.

그러자 옥수수는 이렇게 말했습니다.

"나는 한국의 여느 옥수수처럼 자라고 있었어"

"그러던 어느 날, 김순권 박사에 의해 아주 아름다운 꽃들이 만발한 아주 먼 아프리카 에티오피아에 평원에 심겼지"

"그 아름다운 꽃 이름은 스트라이가야"

"그런데 그 아름다움에 비해 어떠한 작물도 스트라이가 때문에 자랄 수가 없었어, 스트라이가는 자기 옆에서 자라는 식물을 모조리 못살게 굴어 죽게 만들지"

"첫해엔 우리도 다른 식물처럼 거의 전멸했어"

"그래도 다행스럽게 겨우 한 두 알만이 살아남았어 그것도 제대로 성장하지도 못한 체 말이야"

"하지만 김 박사님은 결코 포기하지 않고 우리를 다시 그 땅에 심었어, 그러자 그다음 해에는 조금 더 살아남을 수 있었지"

"그리고 제대로 자란 것도 한두 줄기가 있었어, 이러기를 무려 7년이란 세월이 걸렸던 거야"

"그때 우리 모두는 거의 대부분 다 살아 남을 수가 있었어".

"그래도 우리 주변엔 그 스트라이가가 계속 우릴 괴롭히고 있었지만, 칠 년 이상이란 세월에 그 괴롭힘에 우리는 익숙했고, 스스로 살아남아 그 꽃과 함께 사는 방법을 체득한 거지"

"엄청나게 넓은 땅을 가진 이 나라에 400년간 유럽인들이 그토록 노력하고 별의별 방법으로 못한 것을 김 박사님과 보잘것없는 우리가 해낸 거야"

"에티오피아는 이러한 스트라이가 때문에 다른 식물이 제대로 자라지 못해, 하지만 이젠 옥수수 수입국에서 세계적으로 유명한 옥수수 수출국으로 변모했어"

"이 나라 사람들은 이것을 고마워해서 김 박사님을 노벨 평화상을 몇 번이고 건의했지만 번번이 무산됐지"

"나는 너희들처럼 희귀하거나 무슨 특별한 특색은 없어"

"그냥 어떤 환경에도 굴하지 않고 죽지 않고 이겨내며, 살아남는 법을 체득한 것 밖에는"

"우리들이 세상에 나가 땅에 심기어질 때면, 아마 세상이 정말 힘들 때 아니면 세상의 종말이거나 할 거야"

"그때는 어떤 환경에서도 끝까지 살아남아 잘 자라 주는 게 정말 중요하다고 생각해"

타고 난 재능

어느 큰 호수에 개구리 터벅이가 살았습니다.

터벅이는 유도를 한지 어언 6년이나 되었습니다.

어릴 적부터 유도가 좋아서 유도를 열심히 했지만 6학년이 되기까지 매번 지기만 해서 우승이라곤 한 번도 해본 적이 없었습니다.

또래의 여자 개구리에게 시합에서 진 적도 있었습니다.

그럴 때는 서럽게 눈물을 펑펑 흘리기도 했습니다.

터벅이는 자신에게는 유도에 재능이 없다고 느꼈으며, 지는 것도 이력이 나 매번 그만둘까 몇 번이고 망설였습니다.

그래도 한 번 시작한 것을 포기하기가 너무 아까워 끝까지 가기로 마음을 먹었습니다.

요 근래 터벅이의 부단한 노력이 빛을 발했는지, 최근에는 결승까지 모두 한판승으로 시합을 이겼습니다.

자신도 왜 이번 시합에 한판승으로 이겼는지 의아해했습니다.

모두들 운이 좋아서 그렇다고 했습니다.

그런 말을 들을 때면 터벅이는 겁이 더럭 났습니다.

정말 실력이 아니고 운이면 어쩌지? 하는 걱정이 머리를 떠나질 않았습니다.

터벅이에게 한 가지 바람이 생겼습니다.
커다란 호수에서 열리는 올림픽에서 두 번이나 금메달을 거머쥔 호랑무늬 개구리님에게 자신이 운으로 이긴 건지 실력으로 이긴 건지를 물어보고 싶었던 것입니다.
그러던 어느 날 어렵사리 터벅이는 호랑무늬 개구리님을 만나게 되었습니다.
그가 후배들을 가르치는 커다란 도장에 터벅이가 들어서는 순간 얼굴에는 비범한 기운이 감돌았고, 우람한 체격에 한눈에도 그가 범상치 않음을 알 수가 있었습니다.

호랑무늬 개구리는 터벅이를 아주 따뜻하게 맞아주었습니다.
그리고 친절하게 남들이 알지 못하는 자신만의 특이한 기술 몇 가지도 가르쳐 주었습니다.
터벅이는 간단한 연습을 마치고 용기를 내어 그간 묻고 싶었던 말을 호랑무늬 개구리님에게 물어보았습니다.

"호랑무늬 개구리님, 정말 재능이란 타고나는 것인가요?"

그때 호랑무늬 개구리는 번쩍거리는 눈으로 터벅이를 잠시 쳐다보았습니다.
그리고 이렇게 말했습니다.

"터벅이 네가 생각할 때는 내가 이제껏 시합에서 몇 번이나 진 것 같으니?"
"사실 나는 셀 수 없을 만큼 졌단다."
"그때마다 나는 일어서기를 수도 없이 반복했고, 그래서 여기까지 올 수 있게 되었단다."

"유도를 처음 배울 때 무엇부터 배우니, 터벅이는?"
"낙법요!"
"그래 바로 그거야"
"유도는 넘어지는 것을 먼저 배우고, 그리고 다시 일어나는 것을 배우지"

이어서 그가 다시 말했습니다.

"타고난 재능을 재능이라고 할 수도 있지만, 정말 진짜 재능은 여러 번 넘어져도 포기하지 않고 노력하는 그 자체가 재능이야!"

"노력하는 재능이 제일가는 재능이라 할 수 있어"

"노력하고 연습한 만큼 마음이 든든해지고, 그 무엇보다도 자신을 자신답게 만들며, 불안감으로부터 자신감을 생기게 하는 것이 바로 노력이 가져다주는 선물이지"

"성공을 하려면 재능을 타고나기보다는 노력의 재능을 타고나야 해! 노력! 그것이 재능 중에 최고의 재능이지"

터벅이는 이제야 알게 되었습니다.

일전의 우승이 결코 운이 아니고 엄청난 노력의 결과라는 것을,

순간 머릿속에 남다르게 연습하고 피나게 노력한 장면들이 휙 하고 지나갔습니다.

그는 속으로 외쳤습니다.

"그래 나도 남들이 가지지 못한 가장 중요한 재능을 타고났어!"

"그것은 노력의 재능을 타고난 거야!"

행복의 조건

바다에 작은 섬 하나가 늘 외롭게 보였습니다.
그곳에는 누구도 찾지 않고 나무 수풀만 무성했습니다.
어느 날 작은 새가 날아와 물었습니다.

"넌 이렇게 혼자 떨어져 있으면 외롭지 않니?"

그러자 섬은 이렇게 말했습니다.

"매일 날 반겨주는 파도 때문에 외롭지 않아!"
"그리고 너처럼 작은 새들이 찾아와서 재미있게 말을 걸어 주기 때문에 행복해"

이번에는 밤에 혼자 외롭게 뜨는 달에게 물었습니다.

"너는 밤마다 혼자 떠있으면 외롭지 않니?"

그러자 달은 이렇게 말했습니다.

"아니 그렇지 않단다."

"나를 멀리서라도 빛을 주는 해님 때문에 나도 은은하게 빛을 비출 수 있기 때문에 외롭지 않고 행복하단다."

작은 새는 깊은 숲 속으로 들어가 외롭게 피어있는 들꽃에게 물었습니다.

"너는 혼자서 아무도 보는 이 없는 곳에 쓸쓸히 꽃을 피우면 슬프지 않니"

그러자 아주 작은 들꽃은

"아니 내 주위에는 많은 나무와 들풀들의 친구들이 있고 솔바람이 늘 찾아와 소식을 전해주기 때문에 외롭지가 않아"

그러자 이번에는 낮에 강열하게 빛을 비추는 태양에게 물었습니다.

"너는 매일 혼자서 낮에 혼자서 강한 빛을 비추느라 외롭지 않니?"

"아니 네가 생각하는 것처럼 그렇지 않단다."

"나는 어떤 무엇 때문에 외롭지 않거나 행복해 하진 않아"
"나는 나 스스로가 빛을 발하듯 스스로가 행복을 만들어내"
"매일 끊임없이 찾아오는 칠흑 같은 밤을 나는 매일매일 힘겹게 싸워서 마침내 그 어둠을 뚫어내어야만 비로소 멋진 아침을 맞이할 수 있지"

"그때의 행복감이란 이루 말할 수가 없어"
"아마 그것은 성취해낸 자만이 누릴 수 있는 행복일 거야"
"나는 매일 그 고통을 이겨냄으로써 새 날을 만들어 내는 거야"
"거기에는 '무엇 때문에'라는 말은 존재할 수가 없어"
"오로지 그 어떤 어려움과 환경도 '불구하고' 극복한 자 만이 누릴 수 있는 행복이지"
"다들 행복의 조건에는 무엇 '때문에' 행복하다고 하지!"
"그러나 진정한 행복은 어떤 조건에도 '불구하고' 이루는 행복이야 말로 진정한 행복이야!"
"그래야 나처럼 날마다 모두에게 스스로 만든 행복의 강한 빛을 비출 수 있어!"

오리 가슴

 한 오리 가족들이 무리들과 함께 있었습니다.

 이 가족들은 다른 오리들과 달리 유난히 날개 깃털보다 가슴털이 더 두텁고 윤기가 흘렀습니다.

 다른 수많은 오리 무리의 새끼들은 큰 호수에서 물갈퀴를 젓는 것과 더 잘 날기 위해서 정신없이 연습에 임했습니다.

 날이 추워지면 아주 멀리 따뜻한 남쪽 나라로 날아가야 하기 때문이었습니다.

 무리의 오리 새끼들은 날마다 자라는 멋진 날개를 서로가 뽐내며 아주 높이 날 때에는 방향을 잘 잡기 위해 꼬리 날개를 서로가 자랑했습니다.

 예쁜 오리 가족의 새끼들도 어미에게 물질하는 법과 때론 날개를 퍼덕이는 법을 배우느라 소란스러웠습니다.

 하지만 어미는 다른 오리 어미들과는 달리 더 잘 날기 위해서 보다 가슴털을 다듬고 더 가슴털이 잘 자라게 하기 위해 열심히 주둥이로 마사지하는 법을 유독이 강조하며 가르쳤습니다.

 어미는 가슴에 난 털 한 올 한 올을 아주 소중하게 다루는 법을 매일 새끼들에게 가르쳤습니다.

  이러한 어미의 행동에 새끼들은 염려와 불만이 많았습니다.

  이윽고 추운 겨울이 매섭게 다가왔습니다.
  수많은 오리들은 남쪽을 향해 일제히 날아올랐습니다.
  새끼들은 그동안 훌쩍 자라 어엿한 청년 오리가 되었습니다.
  하늘 더 높이 날자 그동안 멋진 날개를 만드느라 여념이 없었던 오리들은 자신의 멋진 모습을 맘껏 내보였습니다.

  그렇게 몇 날 며칠을 날자 이번에는 히말라야처럼 아주 높은 산을 지나가야 했습니다.
  산을 지나갈 땐 그 높음은 고사하고 산을 타고 올라오는 냉기는 그야말로 날아가는 오리들에게는 얼음 총알처럼 시리고 아팠습니다.
  그리고 냉기의 바람이 마치 얼음 속에 자신들을 가두는 것 같았습니다.

  거대하게 밀려오는 차가운 기류에 크고 멋진 날개는 도리어 거추장스러웠고 오직 얼지 않고 날아가야 하는 것이 제일 큰 과제였습니다.

이때 오리 새끼들은 깨달았습니다.

어미 오리가 자신들에게 그토록 가슴털을 보듬고 잘 기르게 하였는지를 알게 되었습니다.

극도의 상황에서 날개보다 가슴이 중요하다는 것도 알았습니다.

결국 힘차게 젖는 날갯짓도 바로 따뜻한 심장의 힘에서 나온다는 것을, 그리고 자신들을 아주 멀리 날게 하는 것도 바로 가슴이 튼튼해야 끝까지 날 수 있다는 것을 깊이 느꼈습니다.

오리 무리들은 마침내 남쪽나라에 다다를 수 있었습니다.

하지만 남쪽나라에서도 겨울이라 호수는 아직 차갑고 일부는 얼어 있었습니다.

그동안 날개만 자랑하던 오리들은 너무나 차가운 물에 선뜻 내려앉기를 주저했지만 가슴털이 많은 이 오리 가족들에게는 아무런 문제가 되지 않았습니다.

오리 새끼들은 차고 시린 물속에서 자신들을 따뜻하게 보호하고 아주 멀리 얼음 하늘 높이 날게 하는 것이 가슴이라는 것을 뼈저리게 느꼈습니다.

세상은 날개로만 살아갈 수 없음을 함께…

세월이 흘러 오리 엄마는 독립하여 가족을 이루는 오리들에게 이렇게 말했습니다.

'너희들도 자녀를 낳으면 반드시 가르쳐야 할 것이 있단다.'
'먼 곳을 날아갈 때는 멋진 날개도 중요하지만, 더 중요한 것은 가슴으로 나는 것이란다.'

오리에게 가장 중요한 부분이 무엇일까요?
그것은 날개나 꼬리털도 물론 중요하지만 정말로 중요한 것은 바로 가슴털입니다.
오리에게 아무 쓸모없이, 보기에 별로 없어 보이는 결코 날개 털이나 꼬리털이 아닌 오직 이 가슴 털로 우리가 겨울이면 입고 다니는 따뜻하고 값비싼 옷을 만듭니다.

세상에는 수많은 멋지고 좋은 날개를 가진 사람들을 봅니다.
하지만 실상 그들의 실생활을 들여다보면 너무도 실망할 때가 많음을 보아 왔습니다.
세상은 많은 따뜻한 가슴을 가진 사람들이 만들고 엮어가고 있습니다.

수영강의 가마우지

부산에 푸른 수영강이 흐르고 있습니다.

수영강은 바다가 만나는 기수역이라서 물고기가 풍부했습니다.

강의 딱 중간에 자그마한 섬처럼 솟아오른 큰 바위가 있습니다.

이곳은 경치가 너무 좋았습니다.

엄청나게 큰 빌딩과 숲이 우거진 큰 공원 사이를 흐르는 강이라서 새들이 아예 터를 잡고 살면서 물고기도 잡아먹고 바위섬에 올라 쉬기도 하였습니다.

그리고 큰 누리공원에서 재미있게 놀기도 하였습니다.

하루는 그 섬처럼 생긴 바위가 갑자기 사라져 버렸습니다.

그 이유는 매일 그곳에 사는 새들이 강에게 고마움도 전혀 모르고 사는 것에 대해 불만을 품고 강이 새들의 휴식처인 바위섬 위로 물의 수위를 높여 숨겨버린 것이었습니다.

물줄기도 세차게 흐르게 하였습니다.

그러자 새들이 바위섬에 앉아 제대로 쉬지 못했고 물살도 너무 빨라 물고기를 제대로 잡아먹지도 못했습니다.

그때부터 새들이 하나씩 떠나갔고 그와 더불어 강도 점차 그 푸른빛을 잃어갔습니다.

강 옆의 엄청나게 큰 누리공원의 나무들도 차차 말라서 삭막해져 갔습니다.

수영강에서 전혀 삶에 어려움을 모르고 한참을 살던 가마우지 한 마리가 더 이상 살지 못하게 되었습니다.

갑자기 너무도 생활이 힘들어진 가마우지는 인근 바닷가에 사는 큰 갈매기를 찾아갔습니다.

그리고 강이 갑자기 자기에게 왜 그런지를 물었습니다.

갈매기는 이렇게 말했습니다.

"가마우지야 너는 강에 살면서 강에게 한 번도 고마운 걸 못 느꼈지?"

"그리고 한 번도 강에게 고맙다고 말한 적이 없었지?"

가마우지는 이렇게 말했습니다.

"그래 맞아 그런 것 같아 한 번도 내가 살면서 고마운 걸 고맙다고 표현하지 못한 것 같아"

그러자 갈매기는 이렇게 말했습니다.

"우리는 바다에게 늘 고맙다고 말한단다."
"너도 강에게 고맙다고 말해보렴, 아마 강도 그 말을 듣고 싶어 할 거야"

가마우지는 바로 강으로 돌아와서 고개를 푹 숙이며 강에게 정말 미안하다고 말했습니다.
그리고 그간 너무 고마웠다고 했습니다.
그러자 강도 이렇게 대답했습니다.

"나도 미안해 네가 없으니 너무도 외롭고 쓸쓸했어"

강은 푸른빛을 다시 찾았고, 새들은 그 섬에 다시 올라서서 쉬기도 했습니다.
인근 공원도 그 전보다 나무들이 더 우거지며 푸르름이 더해졌으며 강과 가마우지는 이전의 행복을 되찾았습니다.

독수리 아빠

타국으로 유학을 보낸 자녀를 둔 세 마리의 학부모 아빠 동물들이 어느 날 모여 서로의 자녀에 대해 이야기하였습니다.

맨 처음 입을 뗀 것은 펭귄이었습니다.

펭귄은 이렇게 말했습니다.

"나는 날개가 있지만 날지 못해 아이들을 유학을 보내 놓고도 날아서 그곳을 가보지 못했어"

"그래서 맨날 짧은 발만 동동 구르고 있지"

이번에 기러기 아빠가 이렇게 이야기했습니다.

"나는 비록 튼튼한 날개가 있지만 가고 싶을 때 가보지 못하고, 가끔 방학 때만 날아가서 보곤 하지, 날아가 볼 시간에도 나는 아이들의 학비를 위해 열심히 돈을 벌어야 해"

독수리 아빠가 얘기했습니다.

"나는 크고 튼튼한 날개가 있어서 언제든 보고 싶을 때 가 볼 수는 있어"
"그러나 나는 가는 걸 원하지 않아"
"그곳에서 열심히 혼자 잘 헤쳐 나가도록 당부만 하지"
"아이들도 그곳에서 나의 도움이 없이도 잘하고 있다고 생각해!"

펭귄과 기러기 아빠는 그 비결을 물었습니다.
독수리 아빠는 그때 심각하고 비장한 눈초리를 하면서 진지하게 이렇게 말했습니다.

"나는 아이들이 태어나서 아주 어릴 때는 부드러운 나의 가슴 깃털로 쌓여 있는 둥지에서 여느 새들과 다름없이 길렀지. 하지만 성장하면서 곧 그 부드러운 가슴 깃털을 없애고 가시나무 안쪽에 지푸라기만 남겨뒀지. 그러나 그것도 잠시 뿐이야"
"어느 날 그 지푸라기도 없애버렸어, 가시만 남은 둥지에서 나의 새끼들은 움직일수록 가시에 찔리니까 둥지 밖으로 나올 수밖에 없었어."
"그리고 그 가시 둥지마저도 어느 날 낭떠러지 아래로 떨어뜨려 없애 버렸지"

"아이들은 이때부터 필사적으로 날기를 연습해야 하고 공기의 흐름과 스스로 사냥하는 법을 터득하게 되었어"

"부모는 자녀들과 언젠가는 헤어져야 하는 거야!"
"그래서 사랑을 하되 언젠가 꼭 치러야 할 이별 연습도 해야만 하는 거지"
"나는 나의 자녀들이 나와 헤어져서 혼자 살도록 어려서부터 연습을 시킨 셈이야.
"지금도 처음 유학을 보낼 때 외는 유학 자금을 보낸 적이 없었어"
"하지만 나는 아이들이 스스로 독립할 수 있게 어디든 날아갈 수 있는 훌륭한 날개를 가지도록 했고, 더불어 무엇이든 기회를 낚아챌 수 있는 멋진 발톱을 가다듬게 했으며, 또한 날카로운 부리로 자신이 살아갈 수 있는 생활력을 기르도록 했지"
"훌륭한 부모는 아이들을 뒷바라지만 해주는 부모가 아니라 아이가 스스로 열심히 혼자서 잘 살 수 있도록 해 주는 부모야"

말을 마친 독수리는 그 크고 멋진 날개를 펴고 힘차게 하늘 높이 날아올랐습니다.

움직이는 이유

숲 속에 홀로 핀 작은 꽃이 바람에게 물었습니다.

"넌 항상 머물지 못하고 늘 그렇게 움직여야만 하니"

그러자 바람이 말했습니다.

"응 난 항상 움직여야만 이 세상 공기가 깨끗해져"
"내가 움직이지 않으면 모든 공기가 혼탁해져!"
"그래서 나는 항시 머물지 못하는 거야"

바닷가에 자그마한 조가비가 파도에게 물었습니다.

"넌 항상 가만있지 못하고 늘 그렇게 철석 거려야 하니"

그때 파도는 이렇게 말했습니다.

"응 난 항상 철석 거리며 힘차게 움직여야만 바다가 썩질 않아"

"그래서 나의 이름이 파도야"

하늘을 나는 철새가 태양에게 물었습니다.

"넌 항상 가만있지 못하고 늘 아침에 떠서 저녁이면 져야 하니"

그때 태양이 이렇게 말했습니다.

"응 난 항상 아침이면 환하게 떠서 낮이면 이글거리고 저녁이면 조용히 져야 해".
"왜냐하면 내가 매일 움직이지 않으면 만물이 자랄 수가 없거든"
"그리고 밤이면 쉬어야 다음날 더 자랄 수 있어"
"그래서 나는 하루도 쉴 수가 없단다."
"그래서 나는 태양이야"

들판에 자라나는 작은 나무가 구름에게 물었습니다.

"넌 항상 가만있지 못하고 늘 이곳저곳으로 돌아다녀야 하니"

그때 구름이 이렇게 말했습니다.

"응 내가 움직이는 이유는 모든 대지의 땅이 메마르지 않게 하기 위함이야".
"모든 땅에 식물이 자라게 하기 위해 비를 내려야 하고, 모든 생물에게 생명의 물을 제공하기 위해 움직여야 해"
"그래서 결코 한 곳에 머무는 법이 없이 돌아다녀야 해"

귀여운 꼬마가 엄마의 가슴에 안기어 심장의 소리를 들으며 물었습니다.

"엄마 가슴에 쉬지 않고 들리는 이 소리가 뭐지"

그러자 엄마는 이렇게 말했습니다.

"우리 몸의 생명을 위해 온몸에 사랑을 보내려고 심장이 쉬지 않고 움직이는 소리란다".

그때 꼬마는 또 이렇게 말했습니다.

"아 알았다."

"끊임없이 심장이 움직이는 것은 심장이 우리를 너무 사랑하기 때문에 쉬지 않고 움직이는 걸 거야!"

모든 우릴 위해 쉬지 않고 움직이는 것은 바로 사랑이 있기 때문입니다.

감금 극장입니다
허연 홍승은

II

"이 세상에서 제일 중요한 일은 사랑을 멈추지 않는 일이야"

"왜냐하면 이 세상 모든 만물은 사랑으로 창조되었고
사랑으로 만들어졌기 때문이지!"

또 다른 심장

어느 작은 마을에 아주 착한 소녀가 살고 있었습니다.

어느 날 소녀에게 천사가 다가와 천국을 잠시 구경시켜 주었습니다.

천국에 다다른 소녀는 끝없이 펼쳐진 아름다운 꽃들이 피어난 들판도 보았고, 이제껏 한 번도 보지 못한 너무나 황홀한 집들도 보았습니다.

그 아름다운 모습에 정신이 없을 무렵 이번에는 천사가 아주 특별한 곳을 보여 주었습니다.

소녀는 천사에게 이곳이 무엇을 하는 곳인지를 물었습니다.

그러자 천사는 이렇게 대답했습니다.

"이곳은 세상으로 태어나기 위한 수많은 아기들의 심장에 무언가를 넣어주는 곳이야"

그것은 바로 사랑이었습니다.

그런데 바로 옆에는 세상에서 천국으로 갓 올라온 사람들의 심장에다 무언가를 갖다 대는 것이었습니다.

거기에는 여러 숫자들이 나타났습니다.

어떤 사람에게는 높게도 어떤 사람에게는 아주 낮게 표시되기도 했습니다.

소녀는 이곳은 또 무엇을 하는 곳인지를 물었습니다.

천사는 소녀를 다시 세상으로 데려다주면서 이렇게 말했습니다.

"이곳은 태어날 때 심어준 심장의 사랑이 작동을 멈춘 시간을 재는 곳이야"

"살아있는 동안 결코 심장이 멈추어서는 안 되듯이 사랑 또한 멈추어서도 안 되는 일이지"

"사랑이 멈추면 사람들은 육체가 살아 있어도 영혼이 죽은 거나 다름없어"

"영혼의 심장이 바로 사랑이야"

이제 착한 소녀와 이별하면서 천사는 이렇게 외쳤습니다.

"이 세상에서 제일 중요한 일은 사랑을 멈추지 않는 일이야"

"왜냐하면 이 세상 모든 만물은 사랑으로 창조되었고 사랑으로 만들어졌기 때문이지!"

우물과 두레박

마을 어귀에 도르래가 달린 우물이 있었습니다.
도르래에 두 개의 두레박이 달려있었습니다.
어느 날 두레박 하나가 자신의 처지를 비관하며 말했습니다.

"나는 늘 퍼 올려지고 나면 빈 두레박으로 내려가게 되는 게 너무 슬퍼"

그러나 나머지 두레박은 이렇게 말했습니다.

"나는 늘 빈 두레박으로 내려가지만 항상 채워져서 올라오는데 대해 감사하게 생각해"

둘의 대화를 듣고 있던 우물이 이렇게 말했습니다.

"나는 늘 도르래에 감사해, 도르래 노랫소리가 자고 있는 나를 항상 깨우거든"
"나는 나의 물을 사람들이 마실 때 제일 행복해, 사람들이 나를 찾지 않으면 나는 결국 말라 없어져"

그때 도르래도 한마디 했습니다.

"한 때는 나의 삶이 너무 싫었어"
"왜냐면 물을 퍼 올릴 때면 나는 너무 고달팠지"
"그런데 어느 날 몇 날 며칠을 움직이지 않고 가만히 있으니 점점 녹슬어서 망가지는 거야, 날 움직이게 만드는 모든 게 너무 고마워"

똑같은 상황에서도 한쪽은 불평하는 마음과 한쪽은 감사하는 마음으로 나뉩니다.
가장 감사해야 할 조건에는 공짜가 많습니다.
시원한 물, 상쾌한 공기, 따뜻한 햇볕, 등
어린왕자에 '우물'이라는 글에서 이런 말을 나옵니다.

"이 물을 마시고 싶어."

어린 왕자가 말했다.

"마시게 해 줘…"

  그 말에 나는 그가 찾는 게 무엇인지 깨달았다! 두레박을 들어 그의 입술로 가져갔다.
  그는 눈을 감고 물을 마셨다. 축제처럼 즐거웠다.
  그 물은 여느 음료수와는 아주 다른 것이었다.
  별들 아래서의 행진과 도르래의 노래와 내 두 팔의 노력으로 태어난 것이었다.

  행복은 일상에 주어지는 감사에 노력의 땀을 더할 때 가장 행복해지는 것 같습니다.

한알의 씨앗

어떤 부강한 나라에 정치를 잘하는 왕이 있었습니다.

왕에게는 총명한 3명의 아들들이 있었는데 모두 나름대로 아버지를 잘 모시고 성실하였습니다.

하지만 왕은 자신이 점점 더 나이가 들어감에 따라 3명의 아들 중 1명을 자신의 후계자로 세우기 위해 고심하고 있었습니다.

어느 날 그는 아주 현명하다는 현자를 불러서 자신의 고민을 털어놓았습니다.

그러자 현자는 왕에게 한 가지 제안을 하였습니다.

아들들에게 열매를 맺는 씨앗 한 자루씩을 나누어 주고 나라 전체 국정을 살피러 순시 차 잠시 궁궐을 떠나는 것이었습니다.

첫째 아들은 아버지의 성격을 너무도 잘 알았기 때문에 씨앗 한 자루를 아무도 모르는 금고에 고이 숨겨두었습니다.

그렇게 하면 아버지가 다시 올 때 하나도 버리거나 남기지 않고 그대로 내놓을 수가 있기 때문이었습니다.

둘째 아들은 그 씨앗을 형님처럼 그대로 두면 썩을 것 같아 모두 가지고 나가서 돈으로 바꾸어 장사를 했습니다.

비록 작은 밑천이었지만 약간의 이윤을 남길 수가 있었습니다.

셋째 아들은 형들보다 조금 고지식했습니다.

그는 아버지가 씨앗을 남긴 이유가 궁금해서 몇 날 며칠을 곰곰이 생각해 보았습니다.

그리고 결심한 듯 그 씨앗을 궁의 뒤뜰로 가져가서 모두 땅에 심었습니다.

형들과 달리 그는 수중에 아무것도 남은 게 없었습니다.

왕은 한참이나 오지 않다가 어느 날 불쑥 왕궁으로 돌아왔습니다.

그리고 아들들에게 자신이 맡겼던 씨앗의 사용처를 물었습니다.

첫째는 맡겨놓았던 씨앗을 그대로 왕 앞에 내놓았습니다.

그때 아버지 왕은 아주 화가 나서 첫째를 크게 야단쳤습니다.

너무도 생각이 게을러서 아무것도 하지 않았기 때문입니다.

둘째는 맡긴 씨앗보다 조금 더 많은 돈을 왕 앞에 내놓았습니다.

왕은 둘째에게는 약간의 칭찬을 했습니다.

셋째는 가지고 있는 씨앗이 하나도 없었습니다.
하지만 그는 아버지 왕을 데리고 궁중의 뒤뜰로 나갔습니다.
뜰에는 열매를 맺는 과실수가 아름답게 꽃이 핀 채로 뒤뜰에 끝없이 펼쳐져 있었습니다.

셋째 아들은 이렇게 말했습니다.

"지금은 가지고 있는 씨앗이 하나도 없습니다."
"하지만 가을이 되면 처음의 씨앗보다 몇십 배 더 많은 씨앗을 아버지께 돌려 드릴 수 있을 겁니다."

아버지 왕은 셋째 아들을 크게 칭찬하고 나라를 물려주었습니다.

사람마다 주어진 자신의 인생을 사용하는 방법이 각기 다릅니다.
아무것도 시도하지 않고 태어난 팔자려니 하고 변화를 시도하는 사람이 있는가 하면, 어떤 사람은 도전이 두려워 약간의 변화만 시도하는 사람이 있습니다.
하지만 성공하는 사람은 자신을 분화시켜 한 알의 씨앗이 땅에 떨어져 흔적도 없이 사라지기를 두려워하지 않고 도전하는 사람입니다.

 한 알의 씨앗이 땅에서 썩지 않으면 수많은 열매를 결코 맺을 수 없기 때문입니다.

꽃과 잡초

예전에 꽃을 아주 좋아하는 왕이 있었습니다.

궁의 모든 뜰을 정원사로 하여금 꽃으로 장식하도록 했습니다.

정원사들은 시도 때도 없이 피는 잡초 때문에 골머리를 앓고 있었습니다.

어느 날 그들은 자신들의 고충을 왕에게 털어놨습니다.

그러자 왕은 정원사 두 명을 나라 전 지역을 돌며 꽃과 잡초에 대해 알아오라고 했습니다.

이윽고 기간이 지나고 두 사람이 왕에게 돌아와 자신들이 본 것을 아뢰었습니다.

잡초에 대해 알아본 사람은 걱정스럽게 말했습니다.

"왕이시여 우리나라는 온통 잡초로 뒤덮여 있습니다."
"정말 큰일이 아닐 수 없습니다."
"저는 여태껏 이렇게 잡초가 많은 줄 몰랐습니다."
"온통 잡초 천지입니다."

그때 꽃에 대해 알아본 사람이 말했습니다.

"왕이시여 아닙니다."
"우리나라에 아름다운 꽃이 정말 많습니다."
"전국은 온통 꽃밭으로 되어있습니다."
"그것은 잡초도 꽃이 피면 꽃이라 부르고, 꽃이 지면 잡초라 부르기 때문입니다."
"잡초는 단지 우리가 그것에 대한 이름을 불러주지 않았기 때문에 꽃이라 여기지 못했을 뿐입니다."
"꽃도 원래는 잡초였습니다."

무심코 피는 이름 모를 풀에 어떤 사람은 잡초로 보고 어떤 사람은 꽃으로 봅니다.

은행나무

은행나무는 여느 나무처럼 따뜻한 계절에는 푸르게 피어납니다.
하지만 가을이 되면 자신은 다른 색을 냅니다.
은행나무는 오래되어도 열매가 참 많이 열립니다.
고약한 냄새가 나더라도 그 열매나 잎사귀는 사람에게 유용하게 쓰입니다.

사람도 은행나무처럼 살아가는 분들이 있습니다.
그것은 자신이 낮아지고 겸손히 자신을 내어주는 자입니다.

특히 나이 많은 은행나무에서 풍겨 나오는 색은 너무도 멋이 있습니다.
나무들은 가을이면 대부분 빨갛거나 누렇게 색이 바랩니다.
하지만 은행나무는 노랗게 변합니다.

노란색은 봄을 상징합니다.
비록 가을이 되어 모든 것이 색이 바래도 다시 올, 봄의 따뜻한 기운을 전해주는 것이 바로 은행나무입니다.

결코 희망을 잃지 말라고 노래하면서...

나무들의 잎사귀는 차분히 가라앉는 낙엽과 그렇지 않고 제멋대로 나뒹구는 가랑잎이 있습니다.
그러나 은행나무 잎은 조용히 내려앉아 바닥에 깔리는 낙엽이 대부분입니다.
낙엽이 내려앉은 곳은 아름답고 따뜻한 길이 만들어져 있습니다.
언제나 겸손히 바닥에 엎드리기 때문입니다.

비록 나이 든 나무라 하더라도 바닥에 엎드리지 않는 가랑잎은 만들지는 않습니다.
그 노란 잎들은 누군가에게 다시 올 희망의 길이 되기 때문입니다.

세상에서 가장 무거운 것

욕심에 가득 찬 영주가 어느 날 현자에게 물었습니다.

"세상에서 가장 무거운 것이 무엇인가요?"

그러자 현자는

"그것은 사람이 졸릴 때의 눈꺼풀입니다."

그리고 나서 현자는 도리어 영주에게 질문을 했습니다.

"영주시여 우리 몸 중에서 눈꺼풀 외에 무거운 것이 무엇이라 여기십니까?"

영주는 미처 대답을 하지 못하고 우물쭈물하는데 현자는 이렇게 말했습니다.

"그것은 바로 사람의 눈이라고 여깁니다."

영주가 그 이유를 묻자 현자는

"사람의 눈은 어떤 것을 보아도 결코 만족하지를 못합니다."

"금은보화를 가진 사람은 더 많은 보화를 보기를 원하고"

"많은 나라를 정복한 왕은 더 많은 영토를 차지하기를 원합니다."

아름다운 경치를 매일 보는 사람은 어느 날 전혀 아름다운 경치라고 느끼지 못하고 보다 더 아름다운 경치를 보기를 원합니다.
눈은 결코 그 어떤 것이라도 만족을 모르기 때문입니다.

가장 행복한 사람은 바로 자신이 가진 눈의 무게를 아주 가볍게 하는 사람입니다.

수도사의 신발

 살기가 너무 힘들어 죽기로 결심한 어느 젊은이가 어느 날 고명하다는 수도사를 찾아갔습니다.
 그는 수도사에게 자기가 살면서 너무도 힘들었던 이야기를 꺼내며 물었습니다.
 제가 사는 것보다 차라리 죽는 편이 낫지 않겠냐고 물었습니다.
 수도사는 이렇게 말했습니다.

 "죽든지 살든지 젊은이 맘대로 하십시오."
 "제가 죽으라고 해서 죽을 것도 아니고 살라고 해서 죽기로 결심했다면 살 것도 아니질 않습니까?"
 "어차피 제 인생이 아니고 당신의 인생이니까 당신이 결정해야 할 일입니다."

 먼 길을 오랫동안 걸어서 찾아온 그에게 성의 없는 대답에 젊은이는 화가 나고 분해서 바로 돌아와 버리고 말았습니다.
 수도원을 나서고 있는 젊은이에게 아주 젊은 수사가 뛰어왔습니다.

그리고는 주머니 하나를 젊은이에게 주며

"이것을 갖고 가십시오."
"저희 수도사님이 전해주라는 것입니다."

젊은이는 그 주머니를 갖고 얼마간을 걸어가다 궁금해서 열어보았습니다.
그 속에는 예쁜 신발 한 켤레가 들어 있었습니다.
신발을 보자 젊은이는 그 신발이 신고 싶은 마음이 불현듯 들어 꺼내어 신었습니다.
그러나 예쁘고 보기에도 좋은 신발은 자신에게 조금 작았습니다.
한참을 걸어가다 보니 신발이 작아서인지 발이 점점 아파오기 시작했습니다.
그는 돌아가서 버리고 온 자신의 신발을 신어야 할지 그냥 계속 걸어가야 할지 망설이며 걸었습니다.

마음속에는 계속 갈등이 일었습니다.
돌아서 가자니 길이 너무 멀어질 것 같고 그냥 가자니 계속 발이 아팠습니다.

억지로 아픈 발을 이끌고 겨우 집에 도착했습니다.

그러다 보니 죽기로 마음먹은 생각은 오간데 없고 아픈 발만 생각하며 걸어왔다는 걸 알았습니다.

젊은이는 크게 깨달았습니다.

하나는, 무언가에 몰입을 하면 잡념이 들 겨를이 없다는 것과 인생에 있어서는 예쁘고 모양이 좋으며 맵시 있는 신발도 자신에게 맞지 않으면 고통이라는 걸 깨달았습니다.

이제껏 보기에만 좋은, 남들의 눈을 의식하는 장식된 삶을 살려고 하다 보니, 신고 온 신발처럼 자신에게 아픔과 고통을 주었습니다.

자신의 발에 맞는 신발이 필요하듯 인생도 자신에게 맞는 길을 선택해야 만족하며 살 수 있습니다.

모든 사람이 재벌이 될 수 없고 모든 사람이 유명인이 될 수 없습니다.

어떤 길이든 자신에게 맞는 길을 찾아 유유자적하게 걸어가는 사람만이 멋있는 삶을 살아가는 사람입니다.

꼬리 길이

 부산의 어느 한 동네, 밤이 깊은 공원에서 길고양이들의 모임이 있었습니다.
 그곳에는 많은 고양이들이 각양각색의 문양과 종류를 가리지 않고 모여들었습니다.

 모임을 갖게 된 이유는 지혜로운 늙은 고양이가 들려주는 교훈을 듣기 위해서였는데 이에 대한 소식을 서로서로에게 전하면서 많은 고양이들이 모였습니다.

 늙은 고양이가 사는 곳은 부산의 수영이라는 동네인데 마치 길고양이의 천국과도 같은 곳으로, 골목 곳곳에 고양이들을 위한 밥그릇과 고양이가 잠을 잘 수 있는 자그마한 박스가 여러 군데 설치되어 있었습니다.
 마을 주민 몇몇이 길고양이를 위한 사료를 일정한 시간에 갖다 놓는 곳으로 사람과 길고양이가 서로 조금도 불편함이 없이 지내는 곳이었습니다.
 그렇게 되기까지의 과정이 알고 싶을 뿐만 아니라 고양이들은 자신들이 살고 있는 곳도 이런 천국과도 같이 될 수 있을까? 하고 무척 궁금해했습니다.

길고양이들은 늘 굶주림과 지역 간의 먹이 쟁탈전으로 항상 생존을 위한 싸움이 끊이지 않았고 그로 인해 주민들에게 늘 피해를 끼치고 있어서 내몰리기 일쑤고 심지어 쫓겨나다 못해 잡혀서 강제로 죽임을 당하는 일까지 일어났습니다.
항상 생명을 위협받고 하루하루 사는 것이 마치 서바이벌 전쟁과도 같은 삶이었습니다.

어느 길고양이가 외국의 소식을 전해 왔습니다.

어떤 길고양이가 자신을 받아준 집사의 아들이 어느 날 낯선 개에게 공격을 당하자 죽음을 무릅쓰고 달려들어 개를 쫓아냄으로 이것이 화제가 되어 올해의 도그(dog)상을 제치고 반려견에게 돌아갈 상을 차지했다는 소식이었습니다.
이후 여러 길고양이들의 사례가 소개되었습니다.

제일 마지막으로 지혜로운 늙은 고양이가 여러 고양이들 앞에서 이야기를 시작했습니다.

여기 이곳이 이렇게 까지 우리 길고양이가 살아가는데 아무런 문제가 없는 안락한 동네가 되기까지 그냥 이루어진 것이 아니라고 했습니다.

그 동네에선 처음엔 쥐들이 들끓었다고 했습니다.

늙은 고양이는 살기 위해선 열심히 쥐를 잡았다고 했습니다.

그리고 계속 말을 이어 나갔습니다.

"먹잇감이던 쥐들도 점차 사라지고 나중에는 아주 동작이 잽싼 쥐 한 두 마리밖에 남질 않았어"

"그 놈들은 아주 동작이 **빠를** 뿐 아니라 다른 여느 쥐들과 달리 곧장 지붕으로 올라가서 전깃줄을 타고 이웃집으로 도망가 버리면 나는 잡을 길이 없었어"

"나는 그때 생각했지, 왜 저놈들은 전깃줄을 탈 만큼 몸이 가볍고 동작이 빠를까? 하고

"그것은 말아야 다른 쥐와 달리 꼬리가 훨씬 더 길더라는 사실을 알게 되었어"

"쥐들도 평생을 시궁창 냄새만 맡고 사는 시궁창 쥐와 높은 환경에서 시궁창 냄새를 하나도 맡지 않는 지붕 쥐가 있다는 사실은

바로 꼬리의 길이에 있다는 것을 깨달았지"

"꼬리가 긴 놈은 평생 시궁창을 뒤지지 않고 항상 높은 곳에만 산다는 사실을 말이야"

"이미 쥐들이 완전히 사라지고 아주 깨끗한 마을이 되자 나는 살기가 너무도 막막했지"

"그때 불현듯 나는 꼬리가 긴 쥐가 생각이 났지, 나도 살기 위해 꼬리를 길게 할 순 없을까 하고"

"그런데 아무리 생각해도 몸에 붙은 꼬리를 길게 해 봤자 소용이 없다는 생각이 들었고"

"내가 노력한다고 해도 꼬리를 결코 길게 할 수 없다는 사실도 깨달았지"

"나에게 꼬리가 길어진다고 달라지는 건 전혀 없다는 사실도 말이야"

"그때 불현듯 스치는 생각이 나의 생각의 길이를 길게 하면 어떨까 하고"

지혜로운 늙은 고양이는 더 이상 숨이 차서 말을 이어 나가지 못했습니다.

그러자 그와 함께 온 다른 젊은 고양이가 대신 설명을 이어나갔습니다.

아무리 배가 고파도 동네의 쓰레기봉투를 뜯지 않았고 가정의 음식물을 결코 훔치지도 않았다고 했습니다.

배가 고플 때는 음식을 줄 만한 곳에 가서 조용히 울기만 했다고 했습니다.

사람들은 처음엔 관심을 보이지 않다가 점차 우리에게 관심을 보이고 사랑을 주기 시작했습니다.

사람과 공존하고 사랑을 나누는 법을 배우게 되었고 그것은 단지 생각의 꼬리를 길게 한 덕분이라고 합니다.

이때 기운을 차린 지혜로운 늙은 고양이가 마지막으로 말을 이어나갔습니다.

"나는 여태껏 길고양이로 살면서 성공한 사람들을 많이 보았어"
"그들은 그들만의 생각과 노력의 꼬리가 남들보다 좀 더 긴 사람들이라는 걸 깨달았어"
"너희들도 편안하고 성공한 고양이가 되려면 맨날 밥그릇 싸움보다 좀 더 노력하고 좀 더 생각의 길이를 더 길게 해 보렴"
"그럼 너희들의 삶이 달라질 거야"

이 세상에서 성공한 사람들은 일반 여느 사람들과 단지 5%밖에 차이가 나질 않아 그것이 세상을 지배하지

가장 훌륭한 지도자

자그마한 어촌 마을이 있었습니다.

마을은 밤이면 별들이 쏟아질 듯 촘촘하게 빛나고 있었으며 낮이면 바다가 햇볕에 반짝이는 곳이었습니다.

앞쪽 바다에 언제부턴가 큰 배가 좌초해 반쯤 가라앉아 가지도 오지도 못하고, 더구나 배를 인양할 수 없을 뿐만 아니라 흉물스럽게 시야를 가로막고 있는 것 외에는 아름다운 곳이었습니다.

그 마을에는 나이가 많아 은퇴한 종교 지도자가 있었습니다.

그는 큰 도시에 나가 크고 화려한 사역을 마다하고 가난하고 소외된 자들만 있는 자그마한 마을에서 젊은 시절부터 청춘을 바쳐 열심히 봉사했습니다.

여러 곳에서 좋은 조건이 구비된 요청을 마다한 채, 척박하고 힘든 어촌에서 한 사람 한 사람의 영혼을 위해 전심으로 기도하고 봉사했습니다.

그를 아는 주위 분들이 그가 은퇴한 후 진심으로 그를 우러러보고 존경했습니다.

어느 날 여러 명의 종교 지도자의 과정을 밟는 수도사들이 그를 본받기 위해 찾아왔습니다.

그들은 한참을 그와 함께 했는데 점차 밤이 되어가고 있었습니다.

그들 중 한 명의 수도사가 여러 가지 질문을 하던 중에 어떻게 하면 훌륭한 지도자가 될 수 있는지도 물었습니다.

그러자 은퇴한 지도자는 이렇게 말했습니다.

지도자는 4종류의 지도자가 있다고 했습니다.

첫 번째는 지금 밤하늘을 비추는 무수히 많은 작은 별처럼 자신에게 맡겨진 일만 하는, 그래서 우리 기억 속에는 남아 있지만 그가 무엇을 했는지 무엇이 우리에게 영향을 미쳤는지 모르는 일반적인 지도자이고.

두 번째 지도자는 처음 등장할 때는 정말 요란하고 마치 세상을 다 바꿀 것처럼 하다가 금방 우리 기억에 조치도 남아 있지 않은 별똥별과 같은 잠시 크게 반짝이다가 곧 사라지는 지도자이라고 했습니다.

잠시 말을 끊고 있던 그는 비통하게 말을 이어갔습니다.

지도자 중에 가장 나쁜 지도자란 바로 앞바다에 좌초한 난파선과 같은 지도자라고 했습니다.

잘못된 지도자는 저렇게 흉물스럽게 자신이 한 일에 대해 사람들이 없앨 수도, 금방 없어지지도 않으며, 두고두고 세인들과 후손들에게 손가락질을 받으며 오랜 세월 동안 기억과 시야에 사라지기만을 기다려야 하는 불행을 가져다주는 지도자라고 했습니다.

그때 다른 수도사는 그렇다면 정말 훌륭한 지도자는 어떤 사람이냐고 물었습니다.

그는 밤하늘에 무수히 빛나는 별들 중 북극성을 가리키며 이렇게 말했습니다.

"훌륭한 지도자란 저 별처럼 자신이 봉사할 때도 빛을 발해야 하지만, 그가 자신의 일을 마친 후에도 언제나 그 자리를 지키고 있어서 사람들에게 희망을 심어주고 이정표 역할을 하며 삶의 좌표로 삼게 해 주는 지도자이지"

"정말 좋은 지도자는 그가 있을 때나 마찬가지로 비록 그가 없을 때에라도 영원히 우리의 가슴에 별처럼 남아 있는 지도자야"

받아들임

아주 오래전 바다와 벌판과 산과 사막은 아무도 없는 그야말로 맨땅이었습니다.

그때 나무들이 자라나고 풀들도 돋아났고 동물들이 차츰 번식을 하였습니다.

더구나 이들에게 절실히 필요한 물도 샘솟게 되었습니다.

그러자 이들이 머물고 자라나며 지낼 수 있는 공간이 필요하게 되었습니다.

산이 제일 먼저 말했습니다.

"나는 우뚝 높이 솟아나 있으니 나무들이 자라나기가 알맞을 거야"

"그러니 나무들아 나에게 오렴" 하고 나무들을 불렀습니다.

그러자 안식처가 필요한 동물들도 나무들을 따라 산으로 올라갔습니다.

울창하게 나무들이 자라나 낙엽과 갖가지 열매들을 산에게 떨어뜨려 매년 풍성해지게 되었습니다.

들판은 모든 풀들과 작고 보잘것없는 나무들을 받아들였습니다.

풀들 중에는 곡식들이 주렁주렁 열리는 풀들도 참으로 많았고 각종 채소들도 많았습니다.

사람들은 점점 들판으로 끊임없이 모여들었고 부락을 이루어 행복하게 살게 되었습니다.

들판은 솟아나는 샘물과 자신의 대지를 지나가는 큰 강줄기도 흘러가게 했습니다.

그러자 들판은 더욱더 풍요로워졌습니다.

바다도 모든 흘러오는 모든 물들을 다 받아들였습니다.

크든 작든, 흐린 물이든 맑은 물이든 마다하지 않고 모두 받아들였습니다.

바다는 점점 더 넓고 광대해졌습니다.

크고 작은 물고기들이 살기에 너무도 좋았습니다.

늘 햇볕에 찬란하게 반짝였습니다.

하지만, 이기심이 가득한 사막은 그 어떤 것도 받아들이지 않았습니다.

풀도, 나무도 그 모든 것들을 조금도 받아들이질 않았습니다.

간혹 간간히 자라는 사막의 나무는 그나마도 얼마 살지 못하고 말라죽었습니다.

사막은 물도 받아들이질 않고 그냥 바닥으로 흡수시켜 항상 바싹 말라있는 상태가 되었습니다.

사막은 점점 삭막해지기 시작했습니다.

마침내 사막은 황량한 모래 바람만 휭 하고 불 뿐이었습니다.

사막은 너무도 외로웠고 쓸쓸했습니다.

어느 날 사막은 바람에게 자신이 외로운 이유를 물었습니다.

그때 바람이 사막에게 말했습니다.

"네가 외로운 건 모든 것을 받아들이지 않기 때문이야"

"물이 없는 곳에는 나무가 뿌리를 내리지 못해 자라거나 열매가 맺히지 못하는 법이야"

"물이 있어야 물은 물을 부르고 풍요는 더 큰 풍요를 부른단다."

"사막, 너는 결코 아무것도 받아들이지 못했으니 아무것도 없음이 당연한 거지"

사람도 큰마음으로 모든 것을 받아들이는 사람은 항상 외롭지 않고 풍요롭게 살 수 있습니다.

늘 깔끔하고 매사에 받아들이기를 거부하는 사람은 항상 메마르고 황폐한 삶을 살게 됩니다.

우체통 수리소

　우체통 수리소에는 전국에서 올라온 각종 우체통이 모여 있었습니다.
　그중에서 일반 우체통과는 달리 유난히 큰 우체통이 있었는데 그 우체통은 소위 느린 우체통이었습니다.
　느린 우체통은 우편물이 1년 만에 배달이 되는 그런 우체통이었습니다.

　일반 우체통들은 모두들 자신의 지치고 고단한 삶을 서로 이야기하기 시작했습니다.
　이전과 달리 우체통을 이용하는 사람들이 많이 없어서 수리를 마친 후 돌아가기 싫어했지만, 느린 우체통만은 달랐습니다.
　그 이유를 다른 우체통이 물었습니다.
　그러자 느린 우체통은 자신이 빨리 돌아가고픈 이유를 차근차근 들려주었습니다.

　자신에게 오는 우편물은 일반 우편물이 아닌 아주 특별한 사연을 담고 있는데 유독 기억에 남는 우편물 하나를 이야기하였습니다.

시한부 생으로 암을 앓고 있는 아내가 남편에게 매일매일 편지를 자신의 느린 우체통에 사람을 시켜 넣었다는 것입니다.

남편은 아내의 말을 잘 듣지 않는 그야말로 고집불통의 사람이었습니다.

사업이 잘 되지 않자 죽으려고 시도한 적도 몇 번 있었지만, 번번이 이를 눈치챈 아내에게 발각이 되어 그런 시도는 무산이 되었습니다.

그들에게는 자녀가 둘 있었습니다.

지금은 모두 출가해 1년에 한 번 정도 찾아오는 그야말로 빈 둥지 같은 집안이 되고 말았습니다.

아내는 이런 남편이 너무도 걱정이 되어 눈을 감을 수 없었습니다.

하지만 낙엽이 떨어지는 어느 가을날, 그런 남편을 혼자 두고 아내는 결국 먼 길을 가고 말았습니다.

남편은 큰 실의와 공허함에 술로 세월을 보냈습니다.

야위어만 가던 남편은 죽기로 마음을 먹고 농약병을 들었습니다.

바로 그때 아내로부터 1년 전의 편지가 도착한 것입니다.

아내는 그다음 날도 그다음 날도 계속해서 편지를 보냈습니다.

편지 내용은 대체로 이러했습니다.

간단한 안부와 매일매일 자그마한 숙제를 내주는 내용이었습니다.

어질러진 텃밭을 정리하는 일이라던지, 집안을 정리하는 일이라던지, 장독대를 정리하는 일이라던지, 처음에는 아주 간단한 일의 미션을 남편에게 내주었습니다.

생전에는 부인의 잔소리가 싫어했지만 이제 남편은 매일매일 부인의 편지를 기다리며 부인이 시키는 일을 기다렸습니다.

마침내 그렇게 좋아하던 술도 아내의 편지로 인해 끊게 되고 남편의 마음속 깊이 아내는 남편과 영혼까지 함께하는 존재가 되었습니다.

느린 우체통은 말을 마치며 자신은 또 다른 이러한 아름다운 사연을 알고 싶어 빨리 돌아가고 싶다고 했습니다.

하루 종일 서서 가끔 오는 우편물만 기다리는 존재지만 자신에게는 너무도 보람차고 뿌듯함이 전해져 오며 그 누구보다도 행복한 일이라고 했습니다.

장점과 단점

개구리들만 모여 사는 아주 큰 연못 나라가 있었습니다.

그 나라 개구리 국민들은 유별나기도 했지만 아주 불평이 많았습니다.

특히 그들이 쓰는 물건이나 환경이나 정치에는 아주 비판적이고 항상 불만족해했습니다.

어떤 회사가 만든 물건이나 개구리들이 조금이라도 잘못되면 그들이 즐겨 쓰는 sns를 통하여 공격하여 무참하게 회사를 침몰하게 만들기도 하고 그들이 한번 대상으로 삼은 인신에 대해서는 일상을 탈탈 털어 그곳 연못에서 운신도 하지 못하게 만들었습니다.

그리고 정치적으로 자신과 이념과 정책이 맞지 않을 경우 죽음을 불사하고서라도 반대를 하였습니다.

그래서인지 한번 정권을 잡은 개구리는 가슴이 황소개구리만큼 커져 점점 더 멘탈이 강해 이들 비판 세력에도 점점 더 강하게 맞서는 것이었습니다.

이러한 불평과 비판이 판치는 개구리 나라는 희한하게도 그러한 개구리 국민의식 때문에 나라가 어려워져 가기는커녕 나름 경제는 경제대로 꾸준하게 성장하는 것이었습니다.

어떤 분야에서는 세계 1위를 차지한 판매 실적을 보유한 세계적인 기업도 있었습니다.

어느 방송사 기자가 이를 이상히 여겨 어렵게 그 회사 중역 개구리를 만났습니다.

그리고 그러한 소비자의 송곳 같은 비판과 불평을 어떻게 대처하고 기업이 그것으로 침몰하지 않고 어떻게 그것을 잠재우는가 하고 물었습니다.

그러자 멋진 무늬를 가진 한 중역 개구리는 이렇게 말을 했습니다.

"우리는 그러한 소비자들의 비판과 불평에 대한 단점에 주목하지 않았습니다."

"그 비판과 불평을 도리어 장점으로 만들었습니다."

"그것은 우리가 아무리 혁신하고 개선하려 해도 찾지 못하는 단점을 소비자 스스로가 말해주기 때문입니다."

"우리는 그들의 비평과 불평을 우리가 고쳐야 하고 좀 더 쓰기에 편리한, 한층 더 좋은 물건을 만들기 위한 좋은 장점이 될 것이라 여기기 때문입니다."

"그들의 불평이 더 좋은 장점의 물건을 만드는 원동력이 되는 셈이죠"

"우리가 만든 물건의 장점에 만족하지 않고, 그들이 말해주는 단점을 장점으로 바꾸는 과정에서 회사가 더욱 성장했습니다."

혁신하고 역동하는 개구리는 침묵하는 개구리가 아니라 끊임없이 표현하고 예측하며 다이내믹하게 대처하는 개구리입니다.

신의 도자기

 어떤 마을에 도자기를 대대로 만들어 왔던 유명한 도공이 있었습니다.
 어려서 가난하게 자라 가업을 잇느라 정규 학교도 제대로 다니질 못했지만, 나름 많은 수양과 독학으로 마음의 내공이 깊이 쌓여있었습니다.
 그래서 그런지 그가 심혈을 기울여 빚은 작품을 전시하면 한 점도 빠짐없이 모두들 앞다투어 그의 작품을 구입해 갔습니다.
 어느 날 어린 아들은 학교를 갔다 오면서 동네 어른들이 '너희 집은 부자야'라는 이야기를 듣고 도공에게 우리 집이 부자냐고 물었습니다.
 도공은 아들을 보며 빙그레 웃으며 이렇게 말했습니다.

"아들아 누가 우리 집을 부자라고 하면, 우리 집은 마음이 부자입니다라고 대답하거라."

 항상 찾아오는 손님으로 부인은 대접할 상 차리기에 바빴고 그는 점점 유명세를 타기 시작했습니다.

어느 눈이 심하게 내리는 날 자동차 사고로 그가 가장 사랑했던 귀여운 아들이 그만 세상을 뜨고 말았습니다.

그로 인해 부인은 헤어 나오지 못할 만큼 심한 우울증에 걸렸고, 자신도 작품 활동을 하지 못할 만큼 충격에 빠져 세상을 비관하기 시작했습니다.

많은 시간이 지난 후, 그는 정신을 가다듬고 그는 다시 도자기를 만들었습니다.

그는 이전의 도자기보다 더 고운 빛깔의 도자기를 만들었습니다.

수년에 걸쳐 숨죽여 그가 작품을 내놓기만을 기다린 사람들에게 보답이라도 하듯이 멋진 도자기들을 전시했습니다.

사람들은 전시장에서 또 한 번 깜짝 놀라고 말았습니다.

그것은 실패한 작품들도 그대로 전시되어 있었기 때문입니다.

깨어진 도자기, 휘어진 도자기' 구멍 뚫린 도자기, 도자기라기보다는 파편에 가까운 조각들…

예로부터 유명한 도공은 가마에서 구워진 도자기를 꺼낼 때 조금이라도 잘못되면 자신이 만든 작품에 미련을 두지 않고 망치로

가차 없이 깨버리기 일쑤였는데 그는 전혀 그러지를 않았습니다.

그 이유를 사람들이 묻자 그는 이렇게 말했습니다.

"사람은 신이 만든 살아있는 도자기입니다."
"사람들은 자신이 만든 것 중에 좋은 것만 보여 주려고 하지만 신은 그렇게 하지 않습니다."
"작품이 어떻게 생겼든 깨어지고 금이 가고, 도저히 밖으로 내어놓을 수 없는 파편이라 할지라도 신은 자랑스럽게 자기의 작품을 전시합니다."

"그 전시장이 바로 우리가 말하는 인생이라는 곳입니다."

"사람들은 모두가 다 자신이 전시회 때 고려청자나 이조백자가 되기를 원합니다."
"그리고 그러한 작품을 동경하고 어록을 마음에 담곤 합니다."
"하지만 모두가 다 그럴 순 없습니다."
"때론 실패작처럼 보이는, 만들다가 만 것처럼 보이는 파편들이 있을 수도 있습니다."

인생은 고통의 언덕이 연속적으로 나타납니다.

어느 날 모든 고생이 끝이구나 할 때도 있지만 계속해서 닥쳐올 때도 있습니다.

전시회가 끝나면 전시물은 주인의 집으로 가져가게 됩니다.

신의 집으로 가져간 전시물은 전시회 때 유명한 도자기나 깨진 것이나 파편이나 그것이 하나도 중요하지 않습니다.

자기가 만들어진 모습에서 그 역할을 얼마나 잘했냐에 따라 너무도 멋지게 완성된 모습으로 찬란하게 더 빛나기 때문입니다.

어떤 사람에 따라서는 인생의 전시장에서 미완성 도자기일 수도 있습니다.

그러나 신의 집에서는 미완성은 하나도 없습니다.

단지 어떠한 모양에도 인생으로 태어난 것 자체가 중요합니다.

감사하는 인생은 가장 완벽하게 도자기를 마지막으로 완성하는 또 하나의 가마입니다.

이왕 전쟁을 치르려면 이기십시오.

이기는 법을 배우십시오.

여기는 전쟁터지만 나가면 지옥이다.(미생)

지옥보다 전쟁터가 훨씬 낫습니다.

전쟁에서 이기려면 자기 마음을 이겨야 합니다.

가장 소중한 것

 연못 학교에는 얼마 있지 않아 졸업식을 하게 됩니다.
 개구리들은 이 학교를 졸업하면 모두들 좀 더 큰 연못으로 떠나야 했습니다.
 이들을 떠나보내야 하는 개구리 선생님은 마음이 무척이나 아팠습니다.
 떠나는 개구리 제자들에게 무언가라도 당부를 해야겠다고 생각이 들었습니다.

 개구리 선생님은 마지막 수업을 얼마 남겨 두고는 개구리 제자들에게 장래 희망을 한 명씩 발표해 보라고 했습니다.
 개구리 학생들은 각자가 한 마리씩 자신의 장래 희망을 힘차게 말했습니다.

 선생님 개구리는 그 꿈이 정말 이루어질지 안 이루어질지를 알아맞혀 보겠다고 했습니다.
 그러자 두 눈이 휘둥그레진 개구리들에게 선생님은 그간 쓴 몇 년간의 일기장을 두세 번씩 읽고 오라는 것이었습니다.

마침내 마지막 수업시간을 맞이한 개구리 선생님은 제자들에게 그간 읽었던 일기장에서 가장 많은 관심과 가장 많이 등장한 단어가 무엇인지, 그리고 가장 많은 한 일이 무엇인가를 물었습니다. 그리곤 이렇게 당부했습니다.

"이곳을 나가거든 여러분들은 매년 연말을 맞아 한 해를 떠나보내고 새로운 한 해를 맞이 할 겁니다."
"어떤 개구리들은 높은 산이나 넓은 호수로 가서 떠오르는 해를 보며 한 해의 꿈을 꾸고 앞으로의 일을 계획하죠."
"그러나 여러분들은 꼭 기억해야 할 일이 있습니다."
"이제 여기를 떠나서 더 넓은 세상으로 가서 살면 여러분들이 쓰던 일기장 대신 업무에 관한 노트를 쓰게 될 겁니다."
"매년 연말이면 일 년간 메모한 노트를 꼭 다시 읽어 보십시오."
"거기에 누구를 가장 많이 만나고 무슨 일을 가장 많이 하였으며, 가장 관심을 둔 것이 무엇인지, 그것이 여러분들의 미래를 결정짓게 할 겁니다."

"그리고 2~3년 동안 적었던 노트를 다시 읽어 보시면서 나의 이력을 되새겨 보십시오."

"여러분에게 다가올 새로운 한 해를 반드시 결정짓게 하는 요인들입니다."

"과거와 현재를 떠난 미래는 없습니다."
"지금의 현재는 과거의 연속이고 이러한 현재의 연속이 여러분의 미래가 결정됩니다."

"미래는 과거와 현재의 결과물입니다."
"그래서 항상 여러분이 미래에 꿈을 꾸고 미래를 설계한다면 현재를 중요하게 생각하십시오."

지금 연속해서 하고 있는 그 현재가 여러분의 미래를 결정짓게 만듭니다.

물과 같은 삶

"목적지에 이르려거든 속도를 줄여라."라는 말이 있습니다.

'세바시'에서 웃음과 삶의 의미를 진지하게 전해주던 명강사인 김창옥 강사도 바쁜 일정과 스케줄 속에서 자신의 내면이 점점 메말라갔습니다.

급기야 그는 자신의 하던 일을 멈추고 프랑스의 아주 외진 수도원에 들어가게 되었습니다.

그때 한 노수사는 그에게 침묵을 배우고 내면의 자아와 화해를 하라고 했습니다.

몇 날 며칠의 명상 속에서 비로소 자신과 화해를 한 그는 많은 눈물을 흘렸습니다.

너무도 열정적인 젊은 사람이 있었습니다.

그는 바쁘게 살았고, 자신의 영역에서 성공했다고 자부했습니다.

하지만 내면의 자아는 자신이 바쁘게 사는 만큼 고갈되어 갔습니다.

급기야 그도 조용한 수도원에 들어가 휴양을 하게 되었습니다.

그때 수도사는 그에게 모든 것을 내려놓으라고 했습니다.

하지만 젊은이는 도대체 무엇을 내려놓아야 할지를 몰랐습니다.

내려놓는 삶이란 수도사들에게나 가능한 일인 것 같았습니다.

그는 꿈과 열정을 가지지 않는 삶이란 결코 있을 수가 없다고 생각했습니다.

이런저런 번민에 쌓여있는 그에게 아주 나이 든 노수사가 다가와 이렇게 말을 했습니다.

"이보시게 젊은이"

"젊은이가 생각하는 꿈과 열정을 맘껏 펼치시게나"

"어차피 인생이란 물과 같은 것이라네"

"어떤 사람은 멈추면 비로소 자신이 보인다고 하기도 하고, 어떤 사람은 침묵을 배워 언제나 고여 있는 물처럼 살라고 하기도 하지만 물은 인생처럼 늘 흘러야 하는 걸세"

"그러나 '젊은이!"

"물은 그 흐르는 물의 양에 비해 속도가 느려지면 자신이 썩고 물의 양에 비해 흐르는 속도가 너무 빠르면 주변을 파괴하기도 하지"

"이곳에 있는 나도 매일 마음을 새롭게 하고 늘 멈추지 않으려고 하네"

노수사는 수도원 옆의 계곡으로 젊은이를 데리고 갔습니다. 계곡물을 가리키며 이렇게 말했습니다.

"계곡물이 맑고 깨끗한 것은 늘 조용히 흐르기 때문이다."
"계곡이 자신이 가진 그릇에 넘쳐, 빠르고 많이 흐르게 되면 주변이 파괴되고 물이 흐리게 되어 결국 자신을 망치게 되고 강과 같이 큰 물도 더 물의 양이 많으면 주변에 재앙을 주기도 하지"
"사람이란 계곡이나 강처럼 자신의 신분에 맞게 흘러야 하네"
"좋은 삶은 물처럼 흘러야 하지만 계곡과 강은 각기 자기에게 맞는 속도가 있지"
"그 속도를 지키는 것이 제일 중요하다네"
"젊은이 늘 꿈을 향해 전진은 하되, 속도의 완급을 조절하고 사는 것이 제일 중요하게 여기시게"
"강은 바다에 이르면 속도가 느려지지만, 여태껏 흘러왔듯이 멈추지 않고 꾸준히 흘러가는 것이 더 중요하다네"

부자 아카데미

부자가 되는 방법을 가르치는 아카데미가 있었습니다.

정부에서 지방 곳곳의 대학을 엄선해서 유망 창업자를 많이 배출하려는 의도에서 시작하였는데 부자가 되기를 소망하는 일반 개구리들을 치열한 서류심사로 선별하여 수강을 하게 되었습니다.

모든 개구리의 표정이 진지하고 열굴에서는 이번 계기를 통하여 그렇게 바라던 부자가 되고 성공하겠다는 의지가 역력하게 보였습니다.

전국에서 내놓으라 하는 강사진들로 수업은 사뭇 비장하기까지 하였습니다.

첫 번째 강사는 주식 전문가였습니다.

그는 여러 주식의 도표를 보여주며 시황에 따라 변동되는 주식의 예를 여러 각도와 상황을 열거하였습니다.

그는 강의 말미에 되도록 좋은 주식은 팔지 말고 오랫동안 투자해 두면 수 십배의 가치 상승으로 큰 부자가 될 것이라고 하였습니다.

또 다른 강사는 사업을 하는 개구리들이 꼭 알아야 할 금융 부분의 전문 강사였습니다.

그는 금융 수수료보다는 이자를 낮추는 게 관건이라고 했습니다.
그리고 정부에서 지원해주는 제도에 대해 상세히 알려주었습니다.
정부지원금을 받으려면 특허나 실용신안 등 좋은 기획이나 자료가 있어야 하는데 지금 정부가 지향하고 있는 프로젝트면 더욱 좋다고 했습니다.

여러 강사들의 전문적인 지식에 수강생들은 감탄을 연발하였습니다.
심지어 시리와 풍수에 대해서 강의하는 강사에서는 모든 개구리들은 눈이 휘둥그레 해지기까지 하였습니다.
그는 이렇게 말했습니다.

"여러분들이 만약 장사를 하기 위해 가게를 하신다면 꼭 목을 보아야 합니다.

"그 목이란 여러 군데서 흐르는 물이 한 곳에 모이는 곳에 여러분의 전을 펼쳐야 합니다."

"이 목을 놓치면 아무리 장사를 잘하려고 해도 힘이 듭니다."

강사들의 강의는 시간이 갈수록 심도를 더해 갔습니다.

이윽고 마지막에는 나이가 아주 많은 개구리 강사가 나왔습니다.

그는 아주 천천히 강의를 이어 나갔습니다.

그리고 이렇게 질문을 던졌습니다.

"여러분 여러분은 정말 큰 부자가 되고 싶습니까?"

"그렇다면 각자의 꿈을 한 사람씩 말해 보십시오."

"여러분이 꾸고 있는 그 꿈이 여러분을 큰 부자로 만들어 줄 겁니다."

"하지만 여러분이 꿈이 없다면 큰 부자가 되기를 기대하지 않아야 합니다."

그리고 그는 계속 아주 듣기 쉬운 말투로 그것을 설명해 나갔습니다.

"얼마 전 세계 최고의 부자는 빌 게이츠였습니다."

"그는 세상의 모든 컴퓨터에 자신의 윈도우를 집어넣는 꿈을 꾸었습니다."

"그랬더니 그 꿈이 실현되는 순간 그는 아주 큰 부자가 되었습니다."

"요즘은 누가 최고 부자입니까?"

"지금은 일론 머스크 아닙니까?"

"그가 지금 하고 있는 전기차가 그의 꿈이 아니었습니다."

"그의 꿈은 화성에 사람이 사는 꿈을 꾸었습니다."

"처음에는 내용을 듣는 사람들이 무척 황당해했습니다."

"그래서 그의 사업은 중간중간 힘들어졌습니다."

"하지만 그는 결코 그 꿈을 포기하지 않았기에 그 꿈에 NASA까지 도움을 수었습니다."

"그를 현재 세계 최고의 부자로 만든 건 바로 엄청나게 거리가 멀고 먼 화성이었습니다."

"우리가 잘 아는 고 정주영 회장도 세계에서 가장 큰 배를 만들기 위해 세계에서 가장 큰 도크를 먼저 만들었습니다."

"우리가 세계 제일의 조선강국이 된 것도 그의 꿈 덕분입니다."

"여러분들이 그토록 바라는 부는, 꿈이 실현되기까지 따라오는 일종의 보상인 겁니다."

"여러분 꿈을 꾸지 않고 결코 큰 부자가 될 수 없습니다."

"지금 여러분들이 배우는 것은 방법이고 수단입니다."

"목적이 없는 방법과 수단은 아무 소용이 없습니다."

"그것은 도착 항구를 정하지 않는 배의 항해술과 같습니다."

"여러분이 큰 부자가 되고 싶다면 바로 여러분의 꿈의 규격을 정하십시오."

"이왕이면 그 규격을 아주 크게요!"

마음의 냄새

갓 태어난 아이들은 자기 엄마를 구별하는 방법이 처음 맡는 냄새라고 합니다.
뱃속에서 엄마의 채취를 알기 때문입니다.

떼 지어 기르는 양들도 자기 새끼를 구별하는 법이 냄새를 맡아서 구별한다고 합니다.
이처럼 냄새는 우리가 모르고 있지만 살아가는데 무언가 중요한 역할을 합니다.

각 나라를 여행하면 나라마다 특유의 냄새가 있습니다.
어떤 나라는 톡 쏘는 느낌으로, 어떤 나라는 유연한 냄새가, 어떤 나라는 채 연소되지 못한 매연냄새가, 또 어떤 나라는 역겨운 냄새가, 그리고 어떤 나라는 삭막한 냄새가 납니다.

어떤 곳을 여행하면 그곳의 냄새가 있습니다.
유명한 산을 찾아가면 맑고 푸르른 냄새가 납니다.
푸른 바다를 찾아가면 싱그러운 냄새가 납니다.

우리가 사는 집들도 고유의 냄새가 있습니다.

처음 방문한 집이 아무리 크고 아름다워도 처음 느낌은 냄새로 구별됩니다.

화목한 가정에서는 따뜻하고 온화한 냄새가 나며, 어떤 가정은 음식 냄새 같은 것이 짙게 배어있습니다.

어떤 가정은 들어가기 조차 싫은 냄새가 나는 가정도 있습니다. 겨울철에 배달 아르바이트 학생들이 제일 부러워하는 것은 어떤 집에 문을 열고 방문할 때 평화스러운 아름다운 사랑의 향기가 날 때입니다.

사람들마다 마음의 냄새가 있습니다.

사랑에 젖어있는 연인의 마음은 달콤한 초콜릿 냄새가 납니다.

이별을 하고 돌아서는 연인에게는 쓴 냄새가 납니다.

연민의 정으로 베푸는 사람은 오렌지 빛깔의 냄새가 납니다.

희망과 꿈을 가진 사람은 싱그러운 푸른 나무 냄새가 나며, 행복한 사람의 마음에선 꽃향기가 나고, 미움과 탐욕으로 얼룩진 사람은 검고 회색 빛깔의 역겨운 냄새가 납니다.

어떤 사람은 우리 모두가 어느 별에서 왔다고 합니다.

그래서 죽는 것을 돌아가셨다고 합니다.

각각의 자기 나라의 별로 돌아갔다는 뜻입니다.

사람들은 살면서 자기 별나라의 냄새를 풍깁니다.

미움과 탐심과 시기, 질투의 냄새가 나는 사람은, 천국이라는 별에서 온 사람들이 아닐 겁니다.

아름답고 멋있는 꽃들의 정원이 끝없이 펼쳐진 어린아이와 같은 사람들만 사는 별에서 온 사람들은 마음에서 수 만 가지의 아름답고 향기로운 꽃향기를 냅니다.

우리는 어느 별에서 왔나요?

잔인한 구두쇠 영감

경치가 아름다운 산 중턱에 두 가구가 가난하게 살고 있었습니다.

그중 한 집은 산을 오르려는 등산객을 위해 노새 한 마리에 의지해 짐을 실어다 주며 어렵게 살고 있었고, 한 집은 얼마 되지 않는 땅에 감자를 심어 생계를 유지했는데 소출량이 적어서 늘 걱정이었습니다.

이 두 집은 어려울 때마다 그 동네에 아주 못된 부자 영감에게 어쩔 수 없이 돈을 빌리지만, 이 영감은 돈을 빌려주고 나서 갚지 못할 때에는 잔인하기로 소문이 나있어서 매번 선 듯 나설 수가 없었습니다.

어느 해 등산객도 별로 찾아오지 않고, 감자 또한 소출이 너무도 적었습니다.

그들은 살기가 막막해 정말 죽고 싶은 심정으로 노인에게 찾아가 돈을 빌려 생계를 유지할 수밖에 없었습니다.

그 해 겨울은 몹시 길었고 추웠으며 바람도 많이 불었습니다.

그들의 척박한 살림이 더 어려워졌습니다.

봄이 되자 잔인한 영감은 빚을 갚지 못한 이들을 찾아가 빌린 돈 대신, 한 마리뿐인 노새를 끌고 가서 장에다 팔아버리고 말았습니다.

그나마 노새에 의지해 근근이 살아가던 집은 망연자실할 수밖에 없었습니다.

자그마한 밭에 감자를 심어 생계를 유지하던 집의 밭을 빼앗아 심어 놓았던 감자밭을 모조리 갈아엎어 버렸습니다.

그리고 나서 살고 싶으면 영감이 버려두다시피 한 산 중턱의 자갈밭을 개간하라는 것이었습니다.

두 집의 사람들은 눈에서 피눈물이 흐를 정도로 분노에 가득 찼습니다.

하지만 어쩔 수 없이 먹고살기 위해서 노인의 버려진 야산의 자갈밭을 개간하지 않을 수가 없었습니다.

어느 날은 손에서 피가 나고 발은 미끄러져 상처가 났습니다.

그럴 때마다 이들은 영감이 빨리 죽기를 원했습니다.

어느 날은 너무 힘들어 그 영감을 직접 죽이고 싶은 때도 있었습니다.

그러기를 몇 해나 지났습니다.
정말 그들의 소원대로 그 날강도 같은 영감이 죽고 말았습니다.
두 집 사람들은 모두 웃으며 너무나 좋아해 했습니다.
그리고 그 영감의 장례식에 아무도 조문하지 않았습니다.

며칠 후 그 잔인한 영감의 자식들이 찾아왔습니다.
그 두 집 사람들은 가슴이 철렁 내려앉을 것 같았습니다.
장례식에 가지 않은 자신들을 보복이나 하려는 듯이 자식들은 그 영감을 닮아 더 잔인한 말을 할 것 같았습니다.
가령 지금 근근이 일구어 논밭을 떠나라고 하던지, 순간적으로 갖은 생각이 다 들었습니다.
자녀들은 아버지의 유언을 진지하게 전했습니다.
이들이 일구어 놓았던 돌밭을 지금까지 일구고 개간한 사람들에게 다 물려주기로 했다고 했습니다.

그들은 서로의 눈과 귀를 의심했습니다.
여태 일구어 놓은 꽤 넓은 밭에는 파랗게 싹이 나 있었고, 그 밭에서 나는 감자를 나르는 노새도 여러 마리가 생겼던 것입니다.
그들은 자신들이 들은 말이 사실이 아닌 것 같았습니다.

영감은 한 마리 노새에 의지해 살아가는 불쌍한 이웃과 작은 밭에 거름도 제대로 주지 않고 소출이 많기를, 요행만을 바라는 이웃의 생각과 습관을 완전히 바꿔 놓은 것이었습니다.

그 영감의 자녀들은 이들에게 이렇게 말했습니다.

"평소 아버지는 이전의 일을 매우 가슴 아프게 생각했습니다."
"그리곤 저희들에게 이렇게 말씀하셨습니다."

"노예에서 벗어나려면 죽음을 불사하고 죽기 살기로 노예상인에서 도망쳐야 한다.
"노예상인이 따라지 못할 만큼 밤낮으로 생명을 걸고 도망쳐야 한다."
"하지만 결코 쉽지는 않다".
"그것을 해내는 사람이야 말로 빚이라는 노예에서 벗어날 수 있고"
"진정 자신이 원하는 삶을 살 수 있다."
"단지 나는 그들이 도망갈 수 있는 빌미를 제공한 것뿐이야"

좋아하는 것 즐기는 것

  어떤 유명 빵집은 오전이면 그날 만든 빵이 모두 다 팔려 나갔습니다.
  이에 한 방송국 피디는 그 비결을 물어보았습니다.
  그러자 주인은 처음 자기가 처음 빵 기술을 배워 어떤 유명 베이커리에 취직할 때 면접하는 사장이 물었다고 합니다.

  "빵을 잘 만들려면 무엇이 제일 중요하다고 생각합니까?"

  "그때 그는 주저 없이 '정성'이라고 대답했습니다.
  그 때문인지 그는 바로 채용이 되었다고 했습니다.
  그 후부터 지금까지 초심을 잃지 않고 빵을 만들 때면 빵을 잘 만드는 사람이 되고자 정성을 다했다고 했습니다.

  어느 방송국 프로그램에서 자기가 속한 직업에서 제일 잘하는 달인을 찾아 알리는 예능 프로그램이 있었습니다.
  그 프로그램은 사람들에게 인기가 좋아서인 지 한참 오랫동안 종영이 되지 않고 계속해서 진행이 되어 오고 있었습니다.

몇 년을 진행해 오는 동안, 한 해는 연말 특집으로 그동안 가장 인기 있었던 달인 몇 분을 소개하는 일이 있었는데 그중 한 집이었던 것입니다.

다음으로는 피자를 아주 잘 만드는 곳이 방영되었습니다.

그 피자집은 피자맛을 보기 위해 멀리서도 여행을 올 정도였습니다.

역시 피디는 이번에도 이곳 피자가 이렇게 인기가 있는 이유를 물었습니다.

이때 피자가게 주인은 이렇게 말했습니다.

"저는 정말 피자를 좋아했습니다."
"프랑스 유명 요리학원을 거쳐 이탈리아에까지 가서 셰프 공부를 했습니다."
"그 정도로 저는 피자 만드는 것을 너무 좋아합니다."

"좋아하니까 이런 맛이 나는 것 같습니다."
"좋아해서 하는 일이면 사람들도 같이 좋아하는 모양입니다."

이번에는 특이하게도 어느 대장간의 대장장이가 소개되었습니다.

얼굴에는 땀으로 젖어 있고 붉게 달군 쇠를 굵은 근육의 팔로 망치를 힘껏 내리치는 모습이 보였습니다.

그때, 달구어진 쇠에서는 불꽃이 사방으로 튀면서 아주 멋진 풍경이 연출되었습니다.

그 집에서 만든 자그마한 호미는 너무도 유명해서 외국에서도 많이 수출될 정도로 유명했습니다.

그도 방송에 소개되어 그가 만든 철제 농기구가 유명해진 이유를 이렇게 말했습니다.

"저는 가정형편이 어려워 어렸을 때부터 이 일을 시작했습니다."
"젊어서는 힘든 이 일이 너무도 싫었습니다."
"그리고 이 일은 평생 저를 옭아매는 속박으로 느꼈습니다."

"그렇게 저는 하루하루 힘든 나날을 보냈죠"
"이제는 제가 만든 대장간의 철물들이 사람들로 하여금 점차 관심을 끌면서 많은 사람들이 제가 만든 제품을 앞다투어 사가게 되었습니다."

"그런 계기로 인하여, 이제 일을 좋아할 뿐 아니라 숫제 즐기는 단계가 되었습니다."

"처음에는 살기 위해 구속과 속박에서 시작한 일이 이제는 저의 길이 되었고, 구속이 아니라 도리어 이 속에서 진정한 작품으로서 저만의 자유를 느끼게 되었습니다."
"정말 저는 이 일을 아주 행복하게 즐기게 되었습니다."
"즐기니까 모두가 쓰기에도 좋은 작품이 나오는 것 같습니다". 하고 환한 웃음을 지어 보였습니다.

마지막으로 이번에는 어떤 할머니가 운영하는 칼국수 집이 소개되었습니다.

별다른 특별한 재료를 쓰는 것 같지도 않았는데 젊어서 시집와 시작한 일이 이제는 근 4-50년이나 되는 역사를 가지게 되었을 뿐만 아니라, 그곳 관광을 오는 분들은 의례히 들러 꼭 먹어봐야 하는 국민 맛집으로 알려질 정도로 유명했습니다.

할머니는 자신만의 칼국수 만드는 과정을 보여주며 이렇게 오랫동안 맛을 유지하며 모든 사람들에게 알려지게 된 비결을 이야기하기 시작했습니다.

할머니는 시집와서 얼마 살지 않아 갑자기 남편과 사별하였다고 합니다.

그때 어린 4명의 자녀들과 너무도 살기가 힘들어 모두 죽을까 하는 순간의 생각도 들었지만, 그때부터 칼국수를 만들기 시작해서 지금 이곳에 어엿한 가게도 장만하고 꽤 장사가 잘되었다고 합니다.

처음에는 설 익기도, 면이 불기도 하여 손님들에게 야단도 많이 맞았다고 했습니다.

그럴수록 더욱 잘 만들어야겠다고 다짐했는데 점점 칼국수 만드는 일이 좋아지게 되었다고 했습니다.

"손님들이 맛있다고 점차 알려지면서 그때부터는 힘든 줄 모르고 이 일을 즐기게 되었습니다."

"그러던 어느 날, 장성한 맏아들이 심장마비로 갑자기 죽고 말았습니다."

"정말 하늘이 무너지고 땅이 꺼지는 줄 알았습니다."

"장사도 그만두고 집안에 틀어박혀 참으로 기구하고 박복한 제 신세를 날마다 울면서 한탄했습니다."

"그때는 정말 죽으려고 작정했지요."

"하지만 그 일 이후 손님들이 제 가게 문에다 매일 편지를 써 놓고 가더군요."

"매일매일 몇 장씩이나 되는 쪽지가 꽂혀 있었지요."

"저희 가게를 들르는 분들이 대부분 학생들은 물론이고, 재수생, 취준생, 공무원 준비생, 군인들, 노무자, 그야말로 다늘 형편상 힘든 분들이었습니다."

"저를 여기로 다시 부른 건 그들이었지요,"

"그들의 격려의 사랑이 저를 다시 일으켜 세운 것입니다."

"그분들에게 보답해야겠다고 생각이 들었습니다."

"그때부터 사랑이라는 양념장을 쓰게 된 것 같습니다."

"사랑의 맛을 내기 때문에 이렇게 많이 알려지게 된 걸 겁니다."

"음식을 만들기 전에 매일 저희 칼국수를 먹으러 오는 분들을 위해 기도합니다."

"이 음식 먹고 건강하게 해 달라고요."

할머니는 마지막으로 이렇게 말했습니다.

"좋아하다 싫어하면 그 일을 끝내 버리고, 즐기다 싫증 나면 떠나버리지만, 사랑하면 떠날 수가 없어요."
"사랑하면 결코 포기할 수 없습니다."

사랑은 인내하게 만들고, 사랑은 그 어떤 것도 다 이길 수 있게 해 줍니다.

가장 큰 도둑

중세 때 유명한 사원이 있었습니다.

그 사원에는 고명한 수도사가 있었는데 그의 언변은 항상 유창하고 사람들의 가슴을 파고드는 듯했으며, 그의 영험한 능력으로 인해 사람들이 엄청나게 찾아왔습니다.

사람들은 앞다투어 사원에 헌물과 헌금을 기부했습니다.

청빈해야 할 사원에는 사람들이 가지고 온 음식으로 늘 먹을 것이 넘쳐나서 수도사들은 웬만한 음식들은 거들떠보지도 않았습니다.

사람들의 기부금으로 인해 사원은 세상 어느 곳 부럽지 않을 만큼 호화로운 시설을 늘려나갔습니다.

이러한 소문이 나자 그 나라에서 가장 노련한 도둑이 깊은 밤을 틈타 사원에 침입했습니다.

금으로 된 촛대는 물론이고 늘어지게 자고 있는 수도자의 방에서 사람들이 선물한 여러 가지 진귀한 물건들을 보따리에 집어넣을 때는 도둑은 짜릿한 기분까지 들었습니다.

도둑은 마침내 귀중품이 제일 많을 거라고 여겨 가장 늙은 수도사의 방에 살며시 들어갔습니다.

분명 다른 수도자들처럼 자고 있을 거라고 여겼지만 그 수도사는 여느 수도사와는 달랐습니다.

그는 깊은 명상의 기도에 들어가 있었습니다.

도둑이 들어온 것을 눈치챈 늙은 수도사는 자세를 고쳐 앉았습니다.

그리고는 도둑을 노려보고 이렇게 말했습니다.

"자네는 참으로 좀도둑일세"

"본시 좀도둑은 남이 보지 않는 곳이나 야밤에 남의 물건을 훔치지만, 큰 도둑은 시퍼런 대낮에 버젓이 남의 것을 훔친다네"

"그들의 특징은 애써 훔치려고 하지 않고, 보따리만 벌려 놓아도 사람들이 알아서 스스로 그 보따리에 원하는 것을 갖다 주기도 하지"

"그 사람들이야 말로 정말 큰 도둑이야"

"그리고 사람들마다 모두 마음속에 도둑놈 서넛씩은 함께 모시고 살기도 해."

그러자 도둑도 그 자리에 털썩 주저앉고 말았습니다.

노수사의 말은 계속 이어져 갔습니다.

"우선 제일 크게 돋보이는 도둑은 밥도둑이야"

"음식을 탐하는 마음으로 절제하지 못하고 밥도둑처럼 밥을 탐하는 사람은 결국 자기의 건강을 도둑맞고 말지"

"그리고 다음으로 자리 잡고 있는 도둑은 탐심의 도둑이야, 탐심의 도둑은 돈과 물건과 땅과 부귀를 탐하다가 친구와 가족과 심지어 부모도 도둑맞고 만다네, 결국 자신의 영혼도 도둑 맞고 말지.

"또 한놈의 도둑은 뽐냄의 도둑이지"

"늘 세상에 그의 이름을 알리고 싶어 잘 나서다가 결국 자신의 선행이나 치적을 몽땅 도둑 맞고 나중에 남는 것은 그가 잘못한 것과 치부만 잔뜩 남겨진다네"

"그래서 유명세를 타는 사람들이 그들의 치부로 인해 세상 사람들의 입에 오르내리게 되지"

"하지만 좀 전에 말한 가장 큰 도둑은 마음의 도둑이야"

"사람의 재물을 도둑질하기는 어렵지만. 마음은 쉽게 도둑질할 수가 있거든"

"사람의 마음을 도둑질하면. 사람들은 그 어떤 것도 아까워하지 않는다네"

"하지만 그것은 지울 수 없는 아주 큰 죄를 짓는 일이다네"

"왜냐면, 본시 이 세상의 모든 것은 신이 인간에게 잠시 맡겨놓은 것이라서"

"모든 것을 두고 갈 수밖에 없는데도, 사람은 영원히 소유할 수 있을 거라고 착각하지"

"그래서 실질적으로 사람들이 드리는 그 어떤 것을 통하여 신은 사람들의 마음을 받는다네"

"그걸 훔치는 자가 가장 큰 도둑놈이지, 사람들의 마음을 가로채는 자는, 바로 신의 것을 빼앗는 신의 도둑놈일세"

"내가 이 나이 들도록 여기에 있는 나의 제자들을 잘못 가르쳤기에 나는 그것을 용서받기 위해 날마다 피눈물로 신께 기도한다네."

전쟁터

 살면서 너무도 심한 스트레스에 시달려온 사람이 직장을 그만두려고 월차 연차를 한꺼번에 얻어 며칠 간의 여유로 좀 더 나은 직장을 찾기 위해 여러 곳을 전전하였습니다.
 마지막 날 아침 일찍 나서는 길에 참새들이 재잘거렸습니다.

 그는 참새가 참으로 부러웠습니다.
 하늘을 마음껏 훨훨 날아다니며, 가고 싶은 곳과, 쉬고 싶은 곳, 등 마음대로 먹이를 찾아다니는 자유스러움이 정말 좋아 보였습니다.
 그래서 그는 참새에게 물었습니다.

 "너는 정말 좋겠다". "스트레스를 받지도 않고"

 그러자 참새가 말했습니다.

 "좋기는요."
 "우리는 아침마다 또 하루를 열심히 살려고 동료들과 격렬한 토

론을 벌여야 하고, 아무리 열심히 날려고 해도 멀리도 날지도 못하며, 그나마 그것도 높이 날지도 못해서, 하루에 먹잇감을 얻기 위해서는 퍼덕이는 날갯짓이 무려 만 번이나 된답니다."

"그뿐인 줄 아십니까?"
"우리는 집도 없어 밤이나 낮이나 고양이나 맹금류를 피해 다니느라고 24시간 삶의 전쟁터에서 서바이블 게임을 하고 있습니다만,"
"님께서는 고작 직장에서 8-9시간만 전쟁을 치르면 되잖아요."

하루 종일 일을 보느라 피곤한 몸을 이끌고 저녁이 되어 집으로 돌아온 그를 강아지가 반갑게 맞아 주었습니다.
그때 그는 참으로 강아지가 행복해 보였습니다.
하루 종일 밥이나 먹고, 잠이나 퍼질러 자고, 걱정도 없이 행복해 보이는 강아지에게 물었습니다.

"강아지야 너는 너무 행복하겠다."

그러자 강아지는

"주인님 그런 말씀 하지 마십시오."

"저는 맨날 똑같은 밥 만 먹어야 하고, 자고 싶어서 낮에 자는 게 아니라, 거의 외출이 없어서 잠으로 시간을 소일하고 있습니다."

"주인님은 아무리 어려워도 하루도 빠짐없이 딱 한 가지 밥만 드시는 게 아니잖아요?"

"가끔씩 삼겹살도 먹고 여름엔 팥빙수도 드시는데 저는 거의 외식이라는 게 없습니다."

"그리고 하루 종일 저는 주인님만 기다리고 있습니다."

"그래서 저는 고독을 이겨내는 법을 잘 터득하였습니다."

"주인님은 가족과 친구도 있고 직장 동료들도 있지만 저는 늘 혼자였습니다."

"저만큼 힘든 동물이 있을까요?"

수많은 경쟁자들과 대결해 당당히 1등을 한 우리입니다.

삶은 전쟁터입니다.

그리고 고독한 여정입니다.

이 모두를 이기지 못하면 전쟁에 패배자로 남습니다.

어차피 전쟁터를 옮겨도 거기에도 전쟁을 치르고 있습니다.

이왕 전쟁을 치르려면 이기십시오.

이기는 법을 배우십시오.

여기는 전쟁터지만 나가면 지옥이다.(미생)

지옥보다 전쟁터가 훨씬 낫습니다.

전쟁에서 이기려면 자기 마음을 이겨야 합니다.

네 개의 연못

개구리가 사는 나라에는 네 개의 큰 연못이 있습니다.

개구리들은 행복의 나라로 가려면 반드시 이 네 개의 연못을 하나씩 차례로 모두 지나야 만 갈 수 있다고 믿고 있었습니다.

전해 오는 이야기로는 이 네 개의 연못을 모두 거치고 나면 최종 행복으로 가는 문이 있으며, 그 문을 지나면 진정한 행복의 나라로 들어갈 수 있다고 전해져오고 있었습니다.

하지만 네 개의 연못 중에서 유독 세 번째 연못이 가장 밝은 빛이 나고, 밤에도 환한 불빛으로 불야성을 이루고 있었습니다.

거기에 비해 최종 거쳐야 할 네 번째 연못은 세 번째 연못에 비해 보잘것도, 보기에 그저 별로 이렇다 할 내용이 없는 듯 보였습니다.

그것이 모두를 의아해하게 만들었습니다.

제일 첫 번째 연못은 더하기 연못입니다.

거기에는 학문을 배우려는 학생 개구리들. 열심히 장사와 사업을 하는 개구리들과 직장을 다니는 개구리들, 그리고 여러 생업에 종사하거나, 학자 개구리들이 자신들의 더 많은 부와 더 고상한 지식과 더 넓은 사업장을 더해가며 축적하는 곳이었습니다.

모두들 각자가 더하기에 여념이 없었습니다.

더 이상 이 연못에서 더할 게 없으면 다음 단계의 연못으로 넘어가야 했습니다.

거기는 무언가를 빼기 위한 연못이었습니다.

더하기 연못에서 너무 맛있는 것을 많이 먹어 비대해진 개구리들은 자신의 살을 빼기에 전념하였으며 또한 어떤 개구리들은 이전에 배운 잘못된 지식을 버려야 했으며, 일부 장사를 하는 개구리들은 부당이득을 버리고 양심 바르게 하려는 무리들이 늘어났습니다.

사업을 하는 개구리들은 열심히 잘못된 방법이나 생산라인을 버리고 새로운 방법을 시도하였습니다.

정치에 있어서도 잘못된 것이 있으면 그것을 바로 버리라고 소요도 일어났습니다.

그래서 정치적으로도 많이 개선되기도 하였습니다.

이곳은 소위 불필요하거나 버려야 할 것을 모두 버리는 연못입니다.

이전에 더하기 연못을 들어가기 전, 초심의 마음으로 모든 것을 내려놓아야만 하는 연못이었던 것입니다.

이렇게 되자 개구리 연못은 몰라보게 성장하게 되고, 개구리들의 인격은 점차 높아져만 갔으며, 더 나은 개구리 나라로 모든 것이 발전하게 되었습니다.

이러한 임계점에 도달한 개구리들은 다음 연못으로 자연스럽게 넘어가게 되었습니다.

이번에 거치게 되는 세 번째 연못은 곱하기 연못이었습니다.

앞 두 곳의 연못에서 더하고, 빼고, 해서 신체와 건강이 스마트 해지고 높은 인격과 지식. 그리고 기술과 자본이 더해져 이전의 더하기 연못에 비힐비기 아닐 정도로 모든 게 곱하기로 늘어났습니다.

그 결과는 상상도 할 수 없이 높은 빌딩이 솟아나고, 거대 재벌이 나왔으며, 세계적으로 정말 놀랄 만한 연구와 업적, 거기에 더해 기술의 발달로 엄청난 문명의 혜택이 늘어났습니다.

매일매일 그들의 소셜미디어에는 상상하지 못할 만큼 곱하기로 불어난 세계적 재벌이 된 그들의 어록과 성공담으로 넘쳐 났으며, 유명한 강사는 자신의 유명세가 곱하기로 높아졌고, 어떤 분야에 약간만 유명해져도 발달한 디지털 문명의 혜택으로 일약 유명세를 타기 시작했으며, 발달한 통신으로 소통 또한 곱하기로 빨라졌습니다.

모든 것이 곱하기로 늘어나자 집값도 곱하기로 높아졌으며, 물가 또한 곱하기로 치솟았습니다.

모든 것이 곱하기로 늘어나자 이에 비례해 곱하기로 늘어나는 것이 있었습니다.

그것은 빈부의 격차가 곱하기로 벌어졌으며, 곱하기 연못에 적응하지 못한 개구리들은 상대적으로 박탈감에 추락하기 시작했고, 극단적 선택을 하는 개구리들도 곱하기로 늘어나기 시작했습니다.

이 곱하기 연못의 건물이 올라가면 갈수록 어두운 그림자도 거기에 비해 길게 드리우게 되었습니다.

모두들 이 곱하기 연못에서의 속도가 너무 빨라 마치 조금만 어떻게 하면 자신의 행복의 지수를 최고조로 올릴 것 같았습니다.

모든 개구리들은 이 곱하기 연못에 점차 모여들기 시작해 연못이 넘칠 지경이었습니다.

이 연못이 비좁고 힘들고, 하지만 무언가 곱하기로 성취하려는 개구리들로 너무나 북적이기 시작했습니다.

하지만 아무도 이 연못을 넘어 다음 연못으로 가려고 하지 않았습니다.

모두들 이 연못이 행복의 종착지인 줄 착각하고 있었습니다.

하지만 그것은 착시였습니다.

갑작스러운 성공으로 인해, 마지막 연못 한 곳이 더 남아 있다는 것을 모두들 잊고 있었던 것입니다.

네 번째 연못
나누기 연못은 상대적으로 한산하고 고요했습니다.

그 연못의 물은 너무 맑아 파란 하늘이 훤히 비치고 있었습니다.

그곳에는 각양의 개구리들이 살고 있었는데, 재벌에서부터 노숙자 개구리들까지 정말 다양했습니다.

하지만 한 가지, 이 연못에서는 무조건 나누어야 했습니다.

재벌이나 부자도 자신이 엄청나게 벌어 놓은 것을 아낌없이 기부하며 나누었고, 심지어 노숙자 개구리 조차도 한 조각의 빵이라도 같이 배고파하는 같은 처지와 함께 자신의 것을 나누었습니다.

그러자 희한하게도 이 연못에서는 고통을 나누면 그 고통은 훨씬 줄어들게 되고, 행복을 나누면 그 행복이 나누면 나눌수록 커지는 기적이 일어나는 것이었습니다.

그러한 기적은 그들의 지갑의 돈을 나눔에 비워 두어도 어느 사이에 더 많은 돈으로 가득 차게 되었으며, 재벌 또한 그들의 기부로 인해 더 많은 재산이 모이게 되었던 것입니다.

이 연못의 개구리들은 나눔을 하면 할수록 자신들의 행복 또한 점점 더 커져만 갔습니다.

네 번째 연못을 지나 행복의 나라로 가려고 하니 거기에는 이러한 글이 쓰여 있었습니다.

"이 글은 진정한 나눔을 한 사람에게만 보입니다."
"실제로는 행복의 문은 없습니다."
"그리고 여러분은 행복의 나라로 갈 필요도 없습니다."
"진정 지금 매일매일 행복을 가득 느끼고 계신 여기가 행복의 나라입니다."

"또한 이미 당신은 남들이 보지 못하는 엄청나게 크고, 그 어떤 것에도 비교되지 못할 만큼 큰 천국의 창고를 가지고 계십니다."

"창고의 주인이 되는 비결은 행복한 마음으로 나눔으로 실천하는 자의 것입니다."

착한 반려견의 천국

착한 반려견들이 죽어서 천국에 갔습니다.

수많은 세계 각지의 반려견이 그곳에서 너무나도 행복하고 즐거운 나날들을 보내고 있었습니다.

그들은 무엇 때문에 여기에 온 것인지 이유를 몰라 믿지 못한 표정들을 지으면서도 마냥 즐거워했습니다.

한 번은 반려견들은 서로가 그간 지상에서의 삶을 얘기를 할 수 있는 기회가 있었습니다.

인도에서 온 반려견은 어느 날 새벽에 문을 열어둔 채, 잠을 자는 주인의 방으로 코브라 세 마리가 들어가는 것을 보고 죽음을 불사하고 싸워서 그들을 죽였지만, 그들에게 물려 퍼진 독 때문에 죽어 여기에 왔다고 했습니다.

주인은 자신을 데리고 급히 동물병원으로 데리고 갔지만, 이미 온몸에 독이 퍼지고 말았다고 했습니다.

그 애완견은 자기 주인을 지킬 수 있었던 것은 유기견이었던 자신을 받아들여 잘 키워 주었기 때문에 그렇게 할 수 있는 용기가 생겼다고 했습니다.

어떤 애완견은 자신을 사랑하는 늙고 병든 독거노인이 어느 날 구급차에 실려간 후 할아버지가 걱정이 되어서 매일 문 앞에서 식음을 전폐하고 걱정하고 있는 자신을 본 주위 사람들이 몇 달 만에 자신을 병원에 데리고 가 주었답니다.

비록 병든 할아버지였지만, 잠시의 만남이라도 너무노 기뻤고 행복했다고 했습니다.

이후, 할아버지를 그리워하다 할아버지가 세상을 떠난 후, 자신도 곧 할아버지를 뒤를 따랐다고 했습니다.

불이 난 숲에서 술에 취해 자고 있는 주인을 살리기 위해 온몸에 물을 묻혀 주위를 적시다 주인은 살리고 자신은 지쳐 죽어서 여기에 왔다는 애완견도 있었습니다.

어떤 반려견은 주인이 자신을 육지 먼 곳에 팔았지만, 그 먼 길을 몇 날 며칠을 마다하지 않고 걸어서 섬까지 찾아온 반려견도 있었고, 어떤 군견은 자신의 뒤를 따르던 사병을 살리고 자기가 먼저 지뢰를 밟아 여기에 오게 되었다는 반려견도 있었습니다.

그들의 이러한 아름답고 눈물겨운 이야기는 끝이 없었습니다.

한참이나 이야기를 하던 중, 어떤 반려견이 참으로 궁금한 게 많아 지나가던 천사에게 물었습니다.

"왜 수많은 동물 중에 유독 저희 반려견들만 사람하고 친하게 교감할 수 있나요?"

천사는 이렇게 말했습니다.

"그건 말이야 너희들이 사람들하고 잘 교감할 수 있는 이유는, 우선 너희들은 사랑을 잘 받아들이기 때문이지"

"다른 동물은 사랑을 주기도 힘들지만, 받기는 더더욱 더 힘들기 때문이야"
"심지어 사람도 사랑을 주면 그 사랑이 싫다고 거부하는 부모와 자식도 있고, 사랑의 대상도 가려서 하는 사람들도 많아"
"하지만 너희들은 그렇지 않아, 그래서 너희들을 사람들의 곁으로 보낸 거야"

천사는 계속해서 말을 했습니다.

"너희들이 사람들과 많은 시간 동안 함께 할 수 있는 이유는, 너희들은 자신의 주인이 어떤 환경과 처지를 가리지 않고 사랑하지"

"그리고 또한 너희들은 사랑의 대상을 너희가 선택하지 않아"

"하지만 선택된 자신의 주인을 마치 자신의 분신처럼 사랑하며 살아"

그러자 이번에는 다른 반려견이 천사에게 물었습니다.

"우리에게 그것 말고도 사람하고 교감할 수 있는 장점이 또 있나요?"

그러자 천사는 빙그레 웃으며

"물론 있지"
"그건 말이야 너희들은 항상 현재에 만족해"
"과거의 아픈 기억도 치료자에 따라 곧바로 수정돼"
"그래서 좋지 않은 과거의 추억도 잊고, 현실에 행복할 수 있는 장점이 있어"

그러자 또 다른 반려견이 물었습니다.

"그러면 우리들이 사람들과 오랫동안 사랑을 나눌 수 있으면 좋을 텐데, 왜 우리의 수명이 사람들보다 짧죠?"

천사는 잠시 생각에 잠기더니 곧 말문을 열었습니다.

"그건 말이야 참으로 유감스럽게도 신은, 이 세상을 사람들을 위해서 만들었단다."
"이 세상은 사람이 먼저이지, 그래서 너희들의 수명이 짧은 거란다."
"단지 신이 너희들을 사람의 곁으로 보낸 이유는, 사람들에게 너희들을 통해 사랑을 잊어버리지 말라고 보낸 거야"
"사람들 스스로가 진정한 사랑을 받을 줄 알고, 줄 줄도 아는 것을 깨닫게 하기 위해서이지"
"그렇게 때문에 너희들의 수명이 길지가 않아"
"지금 너희들은 크든, 작든, 너희 역할을 훌륭히 해냈어"
"그렇지 못한 댕댕이들은 여기에 오지 못한 이유일 거야"

박성목 동화집

생각하는 동화

인쇄	2022년 8월 10일
초판1쇄발행	2022년 8월 16일

지은이	박성목
펴낸이	전형철
편 집	김태완
펴낸곳	월간모던포엠출판부 - 주)정윤컴퍼니
주 소	04549 서울시 중구 마른내로55 3층
전 화	02-2275-7216
팩 스	02-2274-7217
ISBN	979-11-91681-06-2(03800)
정 가	10,000원

* 작가와의 협의하에 인지는 생략합니다
* 파손 및 잘못된 책은 교환해 드립니다
* 이 책의 저작권은 저자와 모던포엠사에 있습니다